Bibliografische Information der Deutschen Nationalbibliothek:
Die Deutsche Nationalbibliothek verzeichnet diese Publikation in der
Deutschen Nationalbibliografie; detaillierte bibliografische Daten sind im
Internet über http://dnb.dnb.de abrufbar.

Herstellung und Verlag:
BoD – Books on Demand, Norderstedt
2. Auflage
© 2018 Joe Schmeing
Fotos: Joe Schmeing
Layout und Cover: Silvia Altmeppen und Rolf Rötgers
Dank an Christoph „Hemmo" Dornieden
und den Musikalienhandel „Dausin & Hartmann"
für die Mithilfe zur Erstellung des Coverfotos
ISBN: 978-3-8370-7459-8

BALLO

Aus dem Leben eines Klavierhändlers

Eine Klavier- und Kneipenchronik
in kleinen Episoden
von

Joe Schmeing

Statt eines Vorwortes, ein walisisches Sprichwort:
"Man soll eine gute Geschichte nicht
durch die Wahrheit verderben!"

Inhaltsverzeichnis

Vorwort   5
Inhaltsverzeichnis   6
Personenkunde   7
Gebratene Vögel   8
Ein Wettsaufen!   16
Zwei Klaviertransporte   20
Das Jubiläum   33
„Alte Freunde"   41
Kaminbrände und andere Kinkerlitzchen   49
Kaisertreu   57
Ballo macht 'nen Führerschein   64
Ballo hat 'nen Führerschein   69
Süchtige, Anwälte und ein Gerichtsverfahren   76
Die Segeltour   87
Vom Reichsarbeitsdienst,
dem Waschbecken und vier Rehrücken   96
Von Pinkelbecken und Kaschubenblut   105

Kleine Personenkunde

Ballo, eigentlich Bernhard Ballhaus, Musikalienhändler. Immer etwas zerzaust aussehend und oft nach Knoblauch und Fusel stinkend. Wahlspruch: „Diamanten und große Flügel brauchen ein besonderes Flair um verkauft zu werden!"

Herbert, Wirt einer Schankgaststätte ohne Namen. Eine dieser gottvergessenen Vierzigerjahrekneipen mit einem Spülbecken, das jeden Bakteriologen in allerhöchste Entzückung versetzen würde.

Lucky, Ballos Vermieter. Wohnt in einem alten Doppelhaus am Hafen, das von außen mit einer Szene von „Punta Sitges" bemalt ist. Darling aller Frauen, weil ... na ja!

Haui, eigentlich Bernd Hauenstein, Polizist (PHM). Alter Schulkollege von Ballo.

Harry und **Gerti**, zwei Kollegen von Haui. Allerdings von der Wasserschutzpolizei.

Der Baron, Schrotthändler.

Hans, Schuster.

Der Don, eigentlich Siggi Alteland, ehemaliger Kapitän. Wortkarger Geselle.

6

Ballos Heimatstadt, an der Nordsee liegend. Will nicht genannt werden. Gesagt sei aber: Norddeutsch, bürgerlich-verlogen, kleinstädtisch und hässlich!

Diverse andere Zecher, Verwirrte und Normalos.

Gebratene Vögel

Durch den lauen Sommerabend randalierten ein paar Grillen. Der Wind strich leicht über den Asphalt des verschmierten Parkplatzes, der zwischen Hafen und Innenstadt lag. Auf der daneben liegenden, zerfressenen Rasenfläche saßen Jugendliche und zogen sich eine Palette Bier der Marke Extrembillig rein.

Es war ein normaler Mittwochabend!

Am anderen Ende des Parkplatzes stand ein kleines, hochgiebeliges Haus mit zwei nicht eingeschalteten Neonreklamen.

Auf der einen, direkt über der Eingangstür war schlicht und ergreifend: „Gaststätte" geschrieben und auf der anderen „Germania", der Name einer vor langer Zeit pleite gegangenen Brauerei.

Die Eingangstür stand wegen der Wärme sperrangelweit offen. Die Kargheit der Einrichtung übertraf einiges Gewohntes. Speckige, quadratische Holztische mit Skatladen an den Ecken, umsäumt von Stühlen gleichen Kalibers.

Vor den vergilbten Fensterscheiben hingen Gardinen, die diesen Namen wirklich nicht mehr verdienten.

Sie waren dem Augenschein nach genauso alt wie der Laden und hatten mindesten zwei Jahrzehnte keinen Akt der Säuberung mitgemacht.

Schlecht gepflegt, aber immerhin noch lebend, befand sich auf den verstaubten Fensterbänken extrem hartnäckiges Grünzeug.

Die Wände schmückte eine nikotinverseuchte Tapete mit undefinierbarem Muster, die an den Stößen wellte und nur von Kitschbildern des Formats „Röhrender Hirsch" in ihrer Geschmacklosigkeit unterbrochen wurde.

Einziger Lichtblick an den Mauern war eine recht große Weltkarte.

Geschätzte einhundertvierzig mal zweihundert Zentimeter groß, mit etlichen kleinen Löchern und drei kleinen Fähnchen gespickt. Sie verlieh diesem Überbleibsel der Neunzehnhundert-40iger-Jahre-Gastronomie etwas Weltmännisches und Weitläufiges.

Der Geruch, der trotz geöffneter Tür über allem hing, setzte sich aus dem Rauch billigen Tabaks, abgestandenem Spülwasser und bieriger Männerpisse zusammen.

Es machte den Laden erst typisch, sozusagen gemütlich.

Sich zuerst zwischen den Beinen reibend und dann am Arsch kratzend fing Herbert an, sich sein leeres Glas mit einem Spritzer frischen Biers nachzufüllen.

Er lugte über seine fettverschmierten Brillengläser hinweg in die Runde seiner Gäste; es bestellte sonst niemand.

Kaum, dass er wieder auf seinem Stuhl hinter dem Tresen saß, sein Bierchen zu schlürfen begann und dabei zwei knopfgroße Löcher in Hose und linkem Schuh betrachtete, krähte es von jenseits des Tresens: „Hey, Herbert! Taste dich mal mit deinen gichtverzogenen Vorderknochen an die Säule und schieß ein paar Pfützen in die Kübel!"

Hermann versuchte sich in besonders origineller Bestellakrobatik.

„Äh ...", stöhnte Ballo angewidert und schlug mit der flachen Hand durch die Luft in Richtung Hermann, als wolle er eine lästige Fliege verjagen. Sonst reagierte niemand, außer Herbert, der sich das Geschäft nicht entgehen lassen wollte. Als die Gläser alles andere als voll waren, stellte er sie vor die entsprechenden Leute.

Entsprechend, weil jeder immer wieder das gleiche Glas bekam, da Herbert sich aus Geiz weigerte, die Dinger zu spülen.

Die Treffgenauigkeit nahm allerdings im Laufe des Abends so rapide ab, dass man ab einem gewissen Zeitpunkt auch schon mal ein Glas mit kussechtem Lippenstift vorgesetzt bekam. Die meisten der hier anwesenden Zecher störte das nicht weiter.

Die Freunde der Herpeskultur allerdings weigerten sich bei Herbert aus Gläsern zu trinken. Grundsätzlich.

Einige weigerten sich wohl auch wegen der beschissenen Füllmenge.

Dazu gehörte Karl. Er sah sein halbvolles, überschäumendes Glas vor sich stehen und schob es hartnäckig wieder unter den Zapfhahn.

Herbert hob die Augenbrauen und glotzte fragend über den Brillenrand.

„Ich habe Urlaub!" war Karls einzige Antwort.

Verärgert hob Herbert das Glas, öffnete und schloss den Bierhahn mit einer blitzschnellen Bewegung. Alle wunderten sich, dass aus einem, wenn auch nur sehr kurzzeitig aber dennoch voll geöffnetem Hahn, so wenig Flüssigkeit kommen konnte.

Das Glas war um keinen Deut voller geworden!

Irgendjemand murmelte: „Es hat einfach keinen Zweck!"

„Egal!" rief Ballo, und setzte seine kleine Erzählung fort. „Wir hatten auf jedenfall 'ne Riesenfete in der Faschistenvilla und es gab reichlich Gänse und zu Saufen!"

Mit Faschistenvilla meinte Ballo eine große weiße Villa im Gutsherrenstil in einem Vorort von Bremen, die er vor einigen Jahren, zusammen mit einem gewissen Hubert Klümper, in einem Anfall von Größenwahn gemietet hatte. Mit Gärtner versteht sich!

„Gänse? Gänse?" krähte Hermann. „An den Dingern ist doch nix dran."

„Für jeden eine!" gab Ballo zurück. „So 'n Ding teilen - ?! - Dann kannste die ja gleich besser polieren, Benzin drüberkippen und anstecken. Das ergibt wenigstens ein hübsches Osterfeuer!"

Eine komplette Gans pro Person, das war selbst Hermann zuviel.

„Bäh", würgte er nur angewidert und auch den Anderen war anzusehen, was sie von so einem ganzen, gebratenen Vogel hielten.

„Was gab's denn dazu?"

Herbert war neugierig geworden.

„Prima Rotwein: Mouton so und so. Hatte Hubert besorgt. Schweineteuer!"

Wobei die Betonung auf 'besorgt' lag, was nichts anderes bedeutete, als dass Hubert den Rotwein nicht unbedingt auch bezahlt hatte.

„Unglaublich! Für jeden einen ganzen Vogel. Unglaublich!"

Hermann war immer noch nicht über diesen Akt barocker Völlerei hinweggekommen.

Karl erging es ebenso.

„Woanders haben 'se nix zu fressen und dann so was ...!"

Herbert interessierte was völlig anderes.

„Wie habt ihr die Gänse denn zubereitet?"

„Im Ofen, normale Härte."

„Und die Beilagen?"

„Nur die Soße und Baguette."

„Das ist aber schade, mit Rotkohl und Kartoffeln schmeckt das doch viel besser."

„Ja, vielleicht. – Aber dann kriegst Du so 'n ganzes Ding nicht mehr runter - musst ohnehin schon mit viel Rotwein spülen."

„Also ich hab letzten Sonntag gebratenen Fasan mit Rotkohl und Kartoffelpüree gegessen. Fantastisch! Das hat wirklich ganz toll geschmeckt!"

Herbert war richtig stolz auf sich und seine Kochkunst.

„Fasan?" wunderte sich Hermann. „Du jagst doch gar nicht. Haste den geschenkt bekommen?"

„Nä, der war noch in der Truhe von meinem Vater!"

„Von deinem Vater?"

Hermann bekam einen nervösen Unterton in der Stimme.

„Aber der ist doch schon seit neun Jahren tot!"

„Na und, hat trotzdem prima geschmeckt, war nicht mal Gefrierbrand dran!" bockte Herbert und blickte grinsend in die entsetzten und angewiderten Gesichter seiner Gäste, denen es nicht schwer fiel sich vorzustellen, dass Herbert den Vogel auch mit Gefrierbrand gegessen hätte.

12

„Iss doch völlig wurscht, ob mit oder ohne Gefrierbrand - früher hätte man das einfach weggeschnitten und wäre auch keiner dran gestorben", tat Ballo sein medizinisches Gourmetwissen kund.

Während alle über genießbar und ungenießbar ein recht lautes Gespräch zu führen begannen, schritt Der Don in den Laden. Ein Auftritt wie nur er ihn liefern konnte: Kerzengrader Rücken, eine Hand in der Hosentasche, die andere am Gürtel, kurz vor der Schnalle mit dem großen sowjetrussischen Stern: Heute Abend war „links" angesagt.

War seine Stimmung nicht so wie heute Abend, wurde auch schon mal anderes Geschmeide getragen: Aus den Dreißigern bis Vierzigern und von völlig anderer Couleur. Es kam halt drauf an, wen er glaubte wohl am meisten abends ärgern zu können.

Ein schätzend-abschätziger Blick aufs trinkende Volk und dann wurde der Daumen der rechten Hand zur Rotweinbestellung in Richtung Herbert erhoben.

Von jedermann nur „Der Don" genannt, hieß er doch eigentlich Siggi Alteland.

Kapitän zur See in Rente, Große Fahrt, alle Patente.

In seiner Jugend weltweit gefahren, dann nur noch Europa. Irische See, Biskaya, Nord- und Ostsee. „Die ganze Scheiße halt!" wie er zu sagen pflegte.

Da hieß es Schnauze halten, wenn er erzählte; denn selten genug sagte er überhaupt was.

Die Unruhe wich einer Art Begrüßungsgeknurre.

Alle warteten bis Der Don seinen Platz eingenommen hatte.

Ehre wem Ehre gebührt!

Gerade wollten sie wieder anfangen Herberts fleischtechnisches Problem näher zu erörtern, als Unerhörtes geschah und Der Don laut und vernehmlich den von jeglicher Sinnhaftigkeit befreiten Satz: „Wenn die Nonnen quieken in den Klöstern, iss bald Östern!" in die Runde schmiss.

Danach schnalzte er mit der Zunge und begann sein Glas Rotwein zu trinken.

Ratlosigkeit machte sich breit.

„Jetzt isser komplett durchgeknallt." murmelte Hermann.

„Jaaha!" rutschte es Herbert raus, während er besorgt den Don über die Ränder seiner fettbehafteten Okulare beobachtete.

„Geh' mal einer raus, kucken, ob Vollmond ist ..." forderte Karl die Umstehenden auf.

„Iss Neumond." zerstob Hans die letzte Hoffnung.

„Siggi, alles klar?" richtete nun Ballo die Frage an den direkt Betroffenen.

„Alles paletti, Alter! - Sind nur Bekloppte unterwegs ...!"

Alle schüttelten den Kopf über die besorgniserregende Geschwätzigkeit des normalerweise großen Schweigers.

„Wahrscheinlich hatte er eine Begegnung der Dritten Art ..." faselte Hans.

„Lall nicht!" war Ballos Antwort.

Hans war sofort ruhig.

Alle blickten hin und wieder verstohlen zum Don. Aber von dort kam keine weitere Reaktion. Der Don blickte eisern in Richtung Tür. Und trank. Die Stille, die folgte, hielt kaum zwei Minuten. Alle besannen sich wieder auf die gebratenen Vögel und redeten und diskutierten wild und laut durchei-

14

nander. Rezepte, Bratzeiten, genussfähig, essbar oder eben nicht, Gewürze, Fonds, Weine, gestopft, gefüllt, getrüffelt – es ging drunter und drüber!

Auch hier offenbarte sich mal wieder das alte Problem der Esskritik: Nur weil alle essen können, haben noch lange nicht alle Ahnung davon!

Der Don, von nichts wissend, schaute irgendwann fragend in Richtung Ballo. Der brüllte über die kulinarische Verbalprügelei hinweg: „Herbert hat ‘nen Fasan gegessen und wir ein paar Gänse und ...“

Der Rest des Satzes ging im Geschrei unter.

Die Versammelten hatten, nach wortreichem Geschweife, ihr Thema gefunden.

Am Tresen wüstes Gerede: „Fressen könnt ich den ganzen Tag ... fressen ... und saufen!“

Übergehend zu Geschreie: „Halt's Maul wenn Du nicht gefragt bist und sowieso keine Ahnung von Nix hast!“

Bis hin zur Beschimpfung: „Dir? Dir werd ich so'n gefrorenes Hähnchen mal sonst wo reinschieben – Du Sack!“

Und wie so oft, zog sich der Abend lange hin.

Der Radau schallte durch die offene Tür nach draußen und ließ diesen schönen, lauen Sommerabend nicht mehr ganz so mild erscheinen, wie er den jugendlichen Rasenhockern am Rande des Parkplatzes zuerst noch vorgekommen sein mochte.

Und über all dem tönte der mittlerweile sturztrunkene Don, immer und immer wieder:

„Höhöhö – Vögel, höhöhö – Vögel ...!“

Ein Wettsaufen!

Es war ein Donnerstagabend im späten Herbst und wie immer an diesem Wochentag traf sich die unabhängige Frauengruppe zum regelmäßigen Stammtisch in Herberts alter Siffbude.

Sie erfüllten alle Vorurteile, die man sich gemeinhin über so eine Vereinigung machte: Einige rührten stundenlang das Sprudelige aus ihrem Wasser, andere nippten Ewigkeiten am Früchtetee, manche soffen auch richtig, alle Männer waren Schweine und Lila iss 'ne prima Farbe.

„Lack ab, Schwanz ab - wir sind mächtig sauer und da hilft nur Frauenpower!"

Während ihr Schlachtruf ertönte, kam Lucky zur Tür rein.

Er zog seine dicke, verknautschte Lederjacke aus, hängte die Baskenmütze an den Wandhaken, drehte sich um und rief in Richtung Tresen, jedoch den Frauenstammtisch meinend: „Wenn ich irgendwas hasse, dann sind das Glockenröcke und Tortenärsche!"

Hildegard, die Anführerin dieses so gerne wild seienden aber doch eher halbgaren Haufens stand sofort auf, einen Literkrug Bier in der Hand und grölte mit tiefenbetonter Stimme:

„Der Herr Obermacho kann jetzt mal die Hose runter lassen, damit wir was zu lachen haben!"

„Ihr würdet Meere von Tränen vergießen, wenn ich das täte, denn dann könntet ihr mal sehen, was ihr so alles verpasst habt, in eurem kurzen Fräuleindasein!"

Die Mädels jaulten vor Wut und gingen dann zu einem infernalischen Gekreische über, dass Herbert dazu brachte, sich die Ohren zuzuhalten und von einem Bein aufs andere zu hüpfen. Die ganze Szene beruhigte sich erst wieder als Hildegard über alle hinwegkeifte:

„Hey, Du Arsch, lass uns um die Wette saufen!"

„Au ja!"

Lucky drehte sich zum Tisch:

„Unabhängige Frauengruppe Friesland gegen abhängige Männergruppe Herbert!?!"

Jubel auf allen Seiten!

Der größte Jubel entfaltete sich allerdings hinter dem Tresen.

Doch war es ein stiller, leiser Jubel, denn er hatte mit Gewinn zu tun.

Und so vergingen aus Herberts Sicht die folgenden vier bis fünf Stunden:

Alle soffen, was das Zeug hielt! Er selber konnte mit seiner Zapferei kaum der Geschwindigkeit standhalten.

Selbst das Notieren der Getränke auf den Deckeln geriet zuweilen ins Stocken.

Zu Anfang ging es rundenweise zur Sache - bis die ersten schwächelten.

Dann bildeten sich Gruppen, die gegeneinander soffen und sich so dezimierten.

Schließlich wurden aus den Gruppen Grüppchen und daraus wiederum Paare.

Die allerdings soffen kaum noch gegeneinander sondern eher miteinander.

Wenn jemand umzukippen drohte, bestellte Herbert für diese Person ein Taxi – oder auch für beide.

Das ging so lange, bis selbst Ballo und eine gewisse Berna als Vorletzte aufgeben mussten. In Beide ging kein einziges Getränk mehr hinein - egal welcher Art.

Vor der Tür gab Ballo, soviel Trinkfestigkeit schwer bewundernd, noch den Frankophilen: „Chapeau! Madame! Chapeau!"

Berna kratzte ihr gesamtes Französisch zusammen:

„Excuse moi!" - drehte sich um und kotzte den hinter ihr stehenden Blumenkübel voll.

Kaum fertig, drehte sie sich wieder Ballo zu: „Soo - un-jezz-ein-taxsi!"

Der sah noch einen Schleimfaden an ihrem Mund runterlaufen, was ihn dazu bewog, den eigentlich gefassten Entschluss, mit ins Taxi zu steigen, zu revidieren.

„Ich lauf zu Fuß nach Haus!" Sprach's und war weg.

Nur noch Hildegard und Lucky befanden sich zum Schluss in Herberts schwiemeliger Bude.

Das gegenseitige Beschreien war mittlerweile einer ungepflegten Unterhaltung gewichen.

Die Tiernamen, die sie sich dabei einander gaben, konnten, was die Gattungsart betraf, gar nicht groß genug sein.

Herbert bemerkte jedoch, dass der Ton mit dem dies geschah, eher darauf hinwies, dass gegenseitiges Gefallen der beteiligten Personen zu vermuten war.

Als er dann mal kurz auf die Toilette musste, verdrückten sich die beiden Kontrahenten, um den letzten aller Kämpfe in den Gemächern von Luckys norddeutscher Doppelhaus-

Finca, mit dem auf die Seitenwand gemalten Namen „Punta Sitges", auszutragen.

Zwei Klaviertransporte

Wie schon festgestellt, war Ballo hauptberuflich Musikalien-händler.

In dieser, von ihm wohl meistgehassten Funktion, musste er notgedrungen das eine oder andere Instrument auch auslie-fern.

Eine Tätigkeit, die seinem Hang, Einfaches kompliziert wer-den zu lassen, sehr entgegen kam.

Hilfskräfte, insbesondere gute, waren teuer – also wurde gespart, denn die meiste Zeit war ohnehin kein Geld im Haus.

Vorzugsweise alte Saufkumpane oder auch direkt bei Her-bert noch nächtens vom Tresen wegverpflichtete, hochdeko-rierte Zecher waren seine (zumeist unterbesetzte) Mann-schaft.

Und so verliefen Verkauf und Transport häufig folgenderma-ßen:

Im Laden kam seine Hilfe Elke mit der älteren Dame, die sich für ein Klavier interessierte, nicht klar, so wie sie grund-sätzlich mit Kunden nur schwer und mit anderen Frauen gar nicht klar kam.

Mit sonorer, eisenharter Stimme erklärte sie die mechani-schen Vorzüge des zu verkaufenden Objektes. Besaß dabei aber immerhin noch so viel Feingefühl zu merken, wann die Kunden zu gehen drohten.

Sie schwenkte dann rhetorisch um auf die Musikalität des Instruments, zu der sie zwar viel sagen könne aber mit der Vorführung hapere es, da müsse sie den Chef holen.

Wenn Ballo anwesend und nicht zu besoffen vom Vorabend war, tat sie das auch.

In diesem Fall saß Ballo vor seinem Computer und testete eines dieser todsicheren Roulettesysteme, das er für eine Unsumme gekauft hatte. Was natürlich hier beim Testlauf, wie auch im Casino, das er ab und an besuchte, regelmäßig in die Hose ging.

„Ballo", trällerte Elke, „du musst die 'Clayderman-Nummer' machen, die heißt Pasolke. Das braune finnische."

Ballo stolperte nach vorne: „Wunderschönen guten Tag, Frau Pasolke."

Er setzte sich gleich an das 'braune finnische'.

Er hasste es und wegen des indifferent-schwammigen Klanges, nannte es betriebsintern nur 'Polarlichteimer'.

„Frau Pasolke", er sah sie mit großen Augen, vor dem Klavier sitzend, von schräg-unten an, „da haben Sie aber eine gute Wahl getroffen! Mit diesem Klavier können Sie wirklich alles spielen."

In der Tat, das konnte man! – Weil man das nämlich mit jedem Klavier konnte.

Das war noch nicht mal gelogen.

Seine Finger sausten zu einem schweren Bachstück über die Tasten, etwas fehlerhaft zwar, aber immerhin.

Keine Sekunde ließ er Frau Pasolkes Gesicht aus den Augen.

Ihre bewundernd-lächelnden Mundwinkel verzogen sich, ob des Schwierigkeitsgrades, langsam aber sicher in den Bereich des Genervten.

Das war s e i n Augenblick, sein großer Auftritt:

„Dieses Klavier, Frau Pasolke, spielt alles: Von Bach", hier machte er eine kleine Kunstpause „bis Clayderman!" Und dann er spielte nahtlos in die Clayderman-Nummer rüber.

Die Mundwinkel hoben sich langsam wieder, etwas später strahlte das ganze Gesicht, um zum Finale dieses erbärmlichen Musikstückes in einem kaum unterdrückten, lustvollen Seufzer von Frau Pasolke zu enden.

V E R K A U F T!

Anlieferung Freitag, 16.00 Uhr, kein Problem, danke schön, auf Wiedersehen.

Kein Problem ... so lange, bis er feststellte, dass er keinen Anhänger und keinen Helfer organisieren konnte.

Niemand, wirklich niemand hatte Zeit, - außer: Erich!

Ein alter Schulkollege von Ballo, der leider irgendwann Ende der Siebziger auf mehreren Trips der Marke 'Heidelberger Blitz' hängen geblieben war und mit schöner Regelmäßigkeit Kaffee, Zigaretten und ein bis zwei Euro bei ihm schnorrte.

Erichs Spezialitäten waren die Erforschung der Gestirne, Raketenbau und Saufen.

Meistens fuhr er mit einem uralten Drahtesel durch die Gegend, der nur noch hinten bereift war und an dem auch ansonsten alles fehlte, was der Straßenverkehrssicherheit dienlich gewesen wäre.

Warum sollte er auch Dinge an seinem Rad haben für eine Gesetzesvorschrift, die er noch nicht mal buchstabieren konnte.

Also transportierte er sich und wahlweise zersägte Surfbretter, alte Öllampen, Fettkanister oder tote Kaninchen mit lärmender und funkenschlagender Vorderradfelge durch die Stadt.

Woher, warum und wohin – das hat sich nie jemandem wirklich erschlossen.

Da Erich ständig von einem ominösen Paddelboot faselte und Ballo selber ein kleines Segelboot besaß, dass er in einem Anfall trinkseliger Umnachtung nach einer weiter entfernt ansässigen Kornbrennerei getauft hatte, war es üblich, dass sich die beiden nur mit „Kaleu" (Erich) und „Admiral" (Ballo) anredeten.

Auch diesmal verließ Ballo das sprichwörtliche Glück nicht.

Im letzten Augenblick gelang es ihm, noch einen Schweineanhänger von einem befreundeten Bauern „für umsonst" zu organisieren. Dann ging's mit Erich los.

Da es eine halbe Stunde später wurde als vereinbart, war Frau Pasolke schon etwas nervös geworden.

Sie wollte gerade in Ballos Laden anrufen, als dieses Traumpaar der deutschen Küstenschifffahrt vorfuhr.

Letzte Anweisung im Auto: „Pass auf Kaleu, du hältst die ganze Zeit die Schnauze, wenn wir da drin sind. Und wenn du was sagst, dann nennst du mich Herr Ballhaus. Ist das klar?"

„Klaro!"

Ballo zwängte sich aus dem Firmenwagen, ging durch den Garten und klingelte an der Tür.

„N'abend, Frau Pasolke, wir liefern Ihnen das Klavier."

Irgendwie hörte Frau Pasolke nicht richtig zu.

„Also, äh ... wissen Sie schon, wo Sie's hinhaben wollen?" – Keine Reaktion! –

„Also, ich, äh, ... also das Klavier – wo soll das hin?" Und da bemerkte er, dass sie gar nicht ihn ansah, sondern eher an ihm vorbei, etwa Richtung Auto oder Vorgarten – das allerdings mit lähmendem Entsetzen!

Ballo drehte sich um und was er sah, erfüllte ihn nicht gerade mit großer Freude.

Direkt am Tor zum Gartenzaun stand Erich mit geöffnetem Hosenlatz und pisste ungeniert in die Geranien, aber so, dass man alles sehen konnte.

„E E R I I I C H!" brüllte Ballo und drehte sich gleichzeitig zur erbleichten Frau Pasolke um.

„Wissen Sie, entschuldigen Sie, er, der da, also Herr Menges, also der ist mir vom Landkreis zugeteilt worden. Dieses Programm 'Arbeit für Behinderte', verstehen Sie?!"

Ja, sie verstand – irgendwas mit Behörde, Behinderte und Programm, davon hätte sie gelesen, wie schön, dass er sich so einsetzen würde für 'die da', denn 'die' könnten ja schließlich auch nicht dafür, irgendwie ... oder so ... nicht wahr?!?!

Erich hatte seinen Dödel wieder eingepackt und Ballo zischte irgendwas von Rübe ab und Scheiße im Gehirn.

Dann schob er das Klavier vom verdreckten Schweineanhänger und da Erich schon wieder nicht aufpasste, blieb das Ding am Sicherheitshaken der Ladeluke hängen, größerer Lacksplitter raus und kleinere Kratzer drin.

Er hatte noch nicht mal Zeit, um Erich dafür fertig zu machen, weil die Pasolke zum Auto gelaufen kam. Schnell die Decke drüber.

24

„Das hat so gerumpelt! Nicht, dass mir was mit dem guten Stück passiert!"

„Alles in besten Händen!" stöhnte Ballo zurück.

Der Rest des Transports vom Vorgarten bis ins Wohnzimmer verlief einigermaßen glatt.

Im Haus wurde das Klavier in die letzte noch offene Ecke gequetscht, wie es halt oft geschieht, wenn Musikinstrumente als reine Dekorationsteile herhalten müssen.

In diesem Fall verdeckte diese Tatsache den gröbsten Schaden.

Während Frau Pasolke den Raum verließ, Erich ihr hinterhertrottete und Ballo die Lackschäden mit seinem stets bereiten Ausbesserungsset retuschierte, fiel ihm ein Stein vom Herzen: 'Noch mal gutgegangen', dachte er so bei sich und begann mit sich selbst zufrieden zu sein.

Diesen schönen Traum zerschnitt aber die zittrig-ängstliche Stimme von Frau Pasolke:

„Herr Ballhaus, bitte! Herr Ballhaus ...!!"

Ballo raste zur Tür und konnte kaum fassen was er sah.

Frau Pasolke mit dem Rücken zur Wand, zwei Flaschen Bier in den Händen und direkt vor ihr: Erich!

Der hatte auf die Frage, ob die Herren Schwerarbeiter denn nicht ein Bier wollten, mit der Gegenfrage „Haben sie manchmal auch so große Sehnsucht?" gekontert und war dann einfach grinsend vor ihr stehen geblieben.

Ohne überhaupt noch eine Erklärung abgeben zu wollen oder zu können, schubste Ballo Erich zur Tür hinaus und murmelte so was wie 'viel Spaß noch damit' und 'die Rechnung wird Ihnen zugestellt' in Richtung Pasolke.

Im Auto brüllte er Erich an: „Du Vollidiot! Hättest fast die ganze Nummer versaut!"

Erich blieb stumm und drückte sich in den Sitz.

Ballo hätte den Kaleu am liebsten erschlagen, begnügte sich aber damit, ihm den Lohn auf die Hälfte zu kürzen und das zu tun, was er nach solchen Ärgernissen am besten konnte: Sich nach Geschäftsschluss bei Herbert voll laufen lassen.

Transport Nummer Zwei

Ein paar Wochen später konnte man Folgendes beobachten:

Um kurz nach neun öffnete Ballo seinen Musikalienladen und verzog sich direkt ins Büro. Keine zwei Minuten später hörte er, dass jemand die Eingangstür öffnete.

„Guten Morgen, Kaleu", brummte er, als er bemerkte, dass nicht ein Kunde, sondern Erich den Laden betreten hatte.

Bei 'Kaleu' nahm Erich sofort Haltung an: „Guten Morgen, Admiral!" brüllte er los.

Ballo hielt sich die Ohren zu und den Kopf fest: „Nicht so laaauuut! Mein Kopf!"

Kurze Pause und dann: „Kaleu!?"

„Jawoll!"

„Was macht die spanische Flotte?"

Erich strahlte: „Die spanische Flotte liegt vorm Hafen. Blockade! – Treffen allerdings Vorbereitungen uns anzugreifen."

„Unsere Chancen, Kaleu?"

„Wir werden ruhmreich untergehn!"

„Wann ungefähr?"

„In circa einer Stunde, Admiral!"

„Na, dann können wir bis dahin ja noch ein Captain's-Frühstück zu uns nehmen."

Das war Erichs Stichwort.

Er wetzte nach nebenan zum Bäckerladen, kaufte eine Packung Eier und etwas Speck.

Dann hastete er wieder zurück.

Das musste ziemlich schnell gehen, bevor Ballo es sich anders überlegte oder Kunden in den Laden kamen.

Im Büro stand ein kleiner Herd, Pfanne drauf, Speck angebraten, Eier dazu, Rum in die Wassergläser und dann wurde gefrühstückt ...

So manchem dreht sich hier sicherlich der Magen um, aber Chaos, Fett und Alkohol, das war Ballos Leben!

„Stechen wir heut Nachmittag noch in See?" quoll es aus Kaleus Mund.

„Nä, ich muss den Kommunistenschinken ausliefern."

Womit er einen Riesenflügel - Made in USSR - meinte.

Das Ungetüm wog über 16 Zentner, hörte auf den übersetzten Namen „Der Osten ist rot!" und wurde, bei guter Stimmung, von Ballo, liebevoll 'mein kleiner T34' genannt.

Bei mieser Laune hieß das Ding 'Trotzkistenscheißhaus'.

Irgendeine Frau Dr. hatte es für ihren 'lieben Heinrich' als Geburtstagsüberraschung gekauft.

Da Ballo sowohl Transporter wie auch fünf Helfer organisieren konnte, fiel Erich als Musikalienspediteur flach - war vielleicht auch besser so.

Als am Nachmittag die Mannschaft mit besagtem Musikinstrument im gemieteten LKW bei Frau Doktor vorfuhr, sah Ballo das Schild 'Facharzt für Familien- und Sozialtherapie'.

„Ach, du Scheiße", entfuhr es ihm, „das kann ja was werden!"

Frau Dr. stellte sich als etwas schusselig heraus und Herr Dr. war bei der Arbeit - es sollte ja auch eine Überraschung werden.

Ballo lief unten im Wohnzimmer herum: „Wo möchten Sie den gerne hinhaben?"

„Hierhin doch nicht!" zwitscherte sie. „Nach oben, in Heinrichs Arbeitszimmer!"

'Musste ja so kommen', dachte Ballo bei sich, ging zurück zur Diele, besah sich die viel zu kleine, geschwungene Treppe, die an einer noch kleineren Tür endete.

Er nahm den Zollstock, maß Tür und Flügel.

„Passt nicht! Geht da nicht durch!" rief er laut nach unten.

„Muss aber, egal wie!" rief sie noch lauter zurück.

„Dann müssen wir den Sturz aus der Tür nehmen und dem Flügel die Beine abschrauben.

Das nimmt Zeit in Anspruch und kostet extra!"

„Macht nichts", erwiderte sie, wohl nicht wissend, dass 'Sturz herausnehmen' nur mit schwerem Vorschlaghammer und Bruchmeißel zu machen ist.

Sie schraubten die Beine und alles andere Abstehende vom Flügel, schoben das Monstrum mit acht untergelegten Decken Zentimeter für Zentimeter die

Treppe rauf und interessierten sich dabei nicht besonders für die Seidentapete mit den japanischen Kunstmalereien.

Karl hatte inzwischen schweres Bruchwerkzeug organisiert und es traf sich ganz ausgezeichnet, dass Frau Dr. mal eben auf einen Sprung zum Kiosk wollte.

Das war Karls Startschuss!

Mit brachialer Gewalt prügelte er den Sturz, ein paar darüber liegende Steine und das Oberteil des Rahmens aus der Mauer.

Leise rieselte der feine, weiße Staub durchs Haus, gerade-so, als wolle er Schweigen über Tat und Missstände legen.

Was dann passierte, kannte Ballo schon von ähnlichen Transporten.

Frau Dr. kam zurück, bekam einen Kreischanfall und fing an rumzuzicken: „Was machen Sie denn da???"

„Der Sturz - wir nehmen den Sturz raus - wie mit Ihnen besprochen, Frau Dr.!" zickte Ballo zurück.

Man hörte noch ein langgestrecktes „Aaahh ..." und so was wie „Das bezahlen sie mir!"

Die Aktion zog sich noch eine ganze Weile unter viel Gerufe und Geschimpfe der Transporteure hin.

Das Schlussbild, das sich bot, war ziemlich trist.

Der Treppenaufstieg vermackelt, die Diele verstaubt und verdreckt und der Sturz mehr schlecht als recht herausgebrochen. Mit anderen Worten: eine Katastrophe!

Ballo störte das nicht besonders, seine Leute noch viel weniger, und jetzt, nach ungefähr einer Stunde, am allerwenigsten Frau Dr., denn die hatte sich in der Zwischenzeit mit Whiskey voll laufen lassen. - Mittlerweile das fünfte große Wasserglas!

Alles für ihren lieben Heinrich.

Als dann letztendlich die Füße wieder ans Instrument geschraubt waren und man mit der endgültigen Aufstellung beginnen konnte, bemerkte Ballo erst, wie dieses 'Arbeitszimmer' ausgestattet war.

Elvisposter an den Wänden, riesige Elvisbüste auf der Kommode, tonnenweise Fotos von Heinrich in Graceland, Glitzeranzug und Uniform, gebügelt unter Plastikfolie aufgehängt, Schallplatten, CDs, Heartbreak-Hotel-Siebdruck - Elvis, Elvis, Elvis ... Ballo wurde ganz schlecht.

'Der eigentlich zu behandelnde wohnt hier!' schoss es ihm durch den Kopf.

„Kinders, hier müssen wir schleunigst raus!" murmelte er.

Schnell noch die ärgsten Lackkratzer übergepinselt und dann hurtig die Treppe runter.

So besoffen sie auch inzwischen war, aber das bekam Frau Dr. dann doch noch mit.

Sie torkelte aus ihrem Wohnzimmer, in der Hand das erste Glas der zweiten Flasche und lallte: „Denschadenmüssensiemirbezahlenherrballhaus!"

Dann stolperte sie und landete, das Glas fest in der Hand, auf dem dicken Perserteppich.

Die Transportspezialisten drückten sich zur Tür hinaus, allen voran Ballo, der wie zum Abschied „Morgen schick ich Ihnen den Maurer vorbei!" durch die sich schließende Haustür rief.

Noch bevor sie den Transporter erreichten, kam ihnen von der Garage offensichtlich der Herr Gemahl entgegen. Als sie ihn sahen war allen schlagartig klar, warum er lieber Elvis sein wollte - selbst im Endstadium - als der, der er war.

Das einzige, was Ballo einfiel, als er dessen fragendes Gesicht sah, war, ihm laut „Überraschung, Herr Doktor!" zuzurufen.

Und genau so eine war es wohl auch!

Das sich der Überraschung für Herrn Dr. noch Überraschungen für Herrn Ballhaus anschlossen, versteht sich von alleine.

Zwei Anwälte beschäftigten sich vor dem örtlichen Amtsgericht mit diesem Transport ein geschlagenes Stündchen lang.

Alle machten sich die Taschen voll und der Einzige, der nicht davon profitierte, war Ballo, weil er wie so oft, auch diesmal wieder den Schaden zahlen musste. Dafür hatte er aber 'ne klasse Story, die er bei Herbert wiederholt zum Besten geben konnte.

Und der Herr Dr.? Der singt wahrscheinlich noch heute heimlich, still und leise ein paar wehmütige Gassenhauer seines verfetteten amerikanischen Vorbildes und begleitet sich dazu auf einem umgebauten T34 mit dem prächtigen Namen 'Der Osten ist rot!'

Das Jubiläum

Früher ..., also zu jener Zeit, von der alle Alten behaupten, dass sie die bessere gewesen sei, also in jenem Früher gab es eine Tradition, die sich 'Jubiläum' nannte.

Und wenn eines gefeiert wurde, gab's dazu meist jede Menge Anlässe.

Interessant auch die Zeitpunkte: 25jähriges, 50, 75, 100, usw..

Das muss sich in den letzten Jahrzehnten schwer geändert haben, da werden 20, 15, 10 und fünfjährige Jubiläen gefeiert, dass es nur so kracht und knallt - wahrscheinlich, weil alle so froh sind, es überhaupt bis dahin geschafft zu haben.

Als wenn er diesem Missbrauch die Krone aufsetzen wolle, beschloss Ballo nach Verkauf eines ziemlich teuren Flügels und der entsprechenden Barschaft in der Tasche, sein sage und schreibe vierjähriges Firmenjubiläum zu begehen.

Nicht im kleinen Rahmen oder aus Spaß nur mit seinen Freunden, nein, richtig groß und offiziell - mit Anzeige in der Zeitung, dickem Büffet und allem Tschingderassa.

Seine Freunde, Kumpels und Zechkumpane schlossen sich selbst von dieser Feier aus, in der Annahme, dass sie das dort anzutreffende Publikum völlig zum Kotzen fänden.

Eine Annahme, der man leicht folgen konnte.

Da Ballo aus purer Faulheit es nicht für nötig befunden hatte persönliche Einladungen zu verschicken, setzte er eine Anzeige in die Zeitung - etwas ungünstig - nämlich genau am zu begehenden Jubeltag, einem Mittwoch.

Champagner, Weißwein, Orangensaft waren kistenweise gekauft und gekühlt, das Büffet in glänzender Aufmachung, hergerichtet vom angesagtesten Partyservice der Stadt.

Kiloweise ondulierter Lachs, feinste Pasteten, Kaviar und auf Eis gekühlte Austern.

Und wie vom Partyservice dazugeliefert: Ballo im Cut und Elke im kleinen Schwarzen.

Und hier nun das Protokoll des Tages:

09.00 Uhr Öffnen des Ladens
10.00 Uhr Ballo zu Elke: „Die werden wohl etwas später kommen ..."
11.00 Uhr Ballo schlägt die Zeitung auf, um sich zu versichern, dass die Anzeige auch wirklich drin steht. Sie stand! Zwischen den Fress- und Gastronomieanzeigen.
11.32 Uhr Erich fährt mit seinem rostigen Altrad vor und stürmt den Laden.
„Hey, Admiral, was ist los, haste Geburtstag?"
„Nä, nä, Kaleu, ich hab heut 'nen wichtigen Empfang für Kunden und so ..."
Währenddessen schob er den Kaleu mit sanftem Druck wieder zur Tür hinaus.
„Heute kannste hier nicht bleiben."
Tür zu! Erich war sauer und grabbelte am Fahrrad in einer Plastiktüte herum, fischte eine Dose Discounterbier heraus und öffnete sie. Ab jetzt lief er vorm Laden auf und ab und fing an zu saufen, hin und wieder einen bösen Blick durchs Schaufenster werfend.

34

12.00 Uhr Ballo: „Ich hab' Schmacht!"

Elke: „Ich auch!"

13.00 Uhr Erich hat die sechste Dose Bier am Hals, Kaviar und Austern sind vom Büffet verschwunden.

14.00 Uhr Ballo: „Ich hab' die Schnauze voll!"

Elke: „Krieg ich die Mittagszeit auch bezahlt?"

Was sie fast eine Flasche Champagner an den Kopf gekostet hätte.

14.53 Uhr Eine Frau mittleren Alters hält mit ihrem Fahrrad vor dem Laden, sieht etwas mürrisch durch die großen Fenster und kommt, nachdem sie um Erich einen großen Bogen gemacht hat, herein.

Ohne das Büffet auch mit nur einem Blick zu würdigen, geht sie zielstrebig auf den Verkaufstresen zu: „Ich möchte gern ein Döschen Blockflötenfett."

'Alte Schlampe', dachte Ballo bei sich, 'hat noch nicht mal die verdammte Flöte bei mir gekauft - bestimmt 'ne Lehrerin, die in 'nem halben Jahr das Geld zurück will, weil das Fett ausgetrocknet ist'.

Aber noch blieb er freundlich.

„Einen Euro und fünfundzwanzig. Bitte schön. Danke."

Als besagte Dame an der Tür war, konnte er sich dann doch nicht mehr zurückhalten. „Viel Spaß noch mit dem Zeug."

Sie knallte nur laut die Tür zu.

15.00 Uhr Die Frau schwingt sich aufs Rad und radelt los, und Erich, mittlerweile total besoffen, hinterher.

16.00 Uhr Champus auf und rein damit!

17.00 Uhr Noch mehr Champus auf und rein damit.

18.00 Uhr Lautes Gegröle und Gequieke im Laden. Tür wird abgeschlossen.

19.00 Uhr Lautes Gegröle und Gequieke aus dem Büro.

20.00 Uhr Leise Geräusche aus dem Büro.

21.00 Uhr Ziemlich zerzaust fährt Elke nach Hause und Ballo belädt, reichlich angetrunken und das Hemd noch aus der Hose, sein Auto mit Champagner und Lachs.

21.08 Uhr Licht aus, Laden zu und Start in Richtung Stammwirt.

Riesenhallo in Herberts Ballerschuppen.

„Haben schon einen auf deine Rechnung getrunken."

„Ja, ja, iss jetzt auch egal, helft lieber mal den Wagen auszuladen."

Lachs und Champus hatte diese Kneipe noch nie gesehen und Herbert stimmte der Freigabe ausnahmsweise zu, obwohl er dadurch nichts mehr verdienen konnte - aber seine Gier auf das feine Zeug war einfach noch größer als seine Geldgier.

Und wie ihm das Zeug schmeckte!!!

Was er an diesem Abend in sich hineinkübelte und fraß, hätte er auch unmöglich durch normalen Bierverkauf reinholen können.

Ballos Stimmung wurde trotz der Champagnerorgie immer mieser.

Er packte sich den Nächststehenden und schüttelte diesen kräftig am Revers.

Es hatte Peter, einen völlig harm- und ahnungslosen Nachbarn von Herbert erwischt.

„Die Fresse polieren. Asoziales Pack. Mieser Pisser. Dreckiges Gelump. Unmusikalisches Gesocks. Pfennigfuchser!" schrie Ballo.

Peter stand in einer kleinen Pfütze Champagner, die sich durch das heftige Schütteln aus seinem Glas heraus auf dem Boden gebildet hatte. Er verstand die Lage von vorne bis hinten nicht.

„Meine Kundschaft! Meine Kuuuundschaaaaft ...!" schnaubte Ballo.

Der Rest der Thekenmannschaft wusste sofort, worum es ging und begann ebenfalls verbal zu randalieren.

Der rüpelhafte Ton im Laden hätte im Vorhof der Hölle nicht schlimmer sein können.

Um noch mal richtig Schwung in die Party zu bringen, ließ Ballo von Herbert Wodka verteilen.

Am besten gefiel das Lucky - endlich keine Kapitalistenbrause mehr trinken müssen, sondern nur noch ehrlichen, anständigen Wodka.

Da ging's mit der Weltrevolution gleich dreimal so gut.

Gegen zwei Uhr morgens trieb die ganze Bagage, immer noch derbe fluchend, dem feierlichen Höhepunkt entgegen.

Lucky war dermaßen breit, dass er sich beim Kriechen auf dem Boden unter einer Bank verirrt hatte und ständig rief: „Wer bin ich, wer bin ich?"

Herbert, dem Champagner und Wodka förmlich aus den Augen sprudelten, hatte inzwischen seine Kasse geöffnet, alle Geldscheine herausgeholt, sie ins Spülbecken geschmissen, um sie dann wieder rauszufischen und gegen alle Gegenstände und Wände des Ladens zu pappen.

Karl sprang ständig auf seinem Hut herum und schrie: „Ich hasse Dich! Ich hasse Dich!"

Der Rest der Mannschaft kegelte mehr oder weniger am Rande der Alkoholvergiftung kreuz und quer durch den Laden.

Inzwischen war es vier Uhr geworden, mehrere Figuren lagen schnarchend auf Bänken oder Boden.

Herbert, der schon seit einer halben Stunde nicht mehr vorne von hinten unterscheiden konnte, hatte sich aus dem Reich des Bewusstseins zurückgezogen und lag in der Küche vor dem Herd, auf dem er eigentlich noch ein paar Würstchen hatte heiß machen wollen.

Die geöffnete Dose stand neben ihm, in seiner Rechten eine Wurst und in seiner Linken der Gasanzünder.

Alles in allem: Ein Bild von Traurigkeit.

Ballo, kurz davor, vom Wodka mit Filmriss belegt zu werden, torkelte aus der Kneipe.

Der Versuch, die Tür zu schließen ging in die Hose, da sie irgendjemand, trotz der Kälte, aus den Angeln gehoben hatte. Ihm war das bis jetzt gar nicht aufgefallen.

Draußen drehte er sich noch einmal um, linste in die Kneipe, die aussah, als wäre dort eine Luftmine explodiert - und dann wurde es Dunkel um ihn.

Dunkel war es auch noch, als er wieder wach wurde - und kalt, hundekalt.

Er tastete nach seiner Decke - weg! Das Bett war auch so hart. Es roch nach Käsemauken und Benzin. Nichts passte zusammen.

'Aufstehen', dachte er zitternd, gab sich einen Ruck und stieß mit seinem Kopf an etwas Hartes. Dann tastete er um sich - er war nicht zu Hause - er befand sich - er wollte es zuerst nicht wahrhaben, aber es war so, im Kofferraum eines Autos.

Seines Autos!

Er hörte Kirchenglocken. Die kannte er vom Klang.

Es waren die der nahegelegenen Paulskirche.

Der Kofferraum ließ sich von innen nicht öffnen und er zitterte vor Kälte wie ein abgestochenes Schwein. Dann begann er wie wild zu klopfen und zu rufen.

Keine Minute verging, bis er eine Männerstimme von draußen hörte.

„Hallo! Ist da jemand im Kofferraum?"

„Aufschließen!" brüllte Ballo. „Schnell!"

Der Unbekannte machte den Kofferraumdeckel auf und eine schwere Alkoholfahne, gepaart mit anderen menschlichen Gerüchen schlug ihm entgegen.

Vor Ballos Nase lagen seine eigenen Strümpfe und Schuhe, die er sofort packte, damit aus dem Wagen kletterte, sie sich anzog und so schnell wie möglich versuchte, hinters Lenkrad zu kommen.

Während der ganzen Zeit nervte der Typ unheimlich mit Fragen wie: „Sind Sie entführt worden? Soll ich die Polizei rufen? Oder den Rettungsdienst?"

„Nix dergleichen", rief Ballo. „Ich hab nur meine Strümpfe gesucht!"

Dann fuhr mit quietschenden Reifen vom Parkplatz - einen völlig perplexen Menschen mit offen stehendem Mund hinter sich lassend.

Dessen Verständnis für diese Welt wurde auch nicht besser, als er von dort aus zu dieser Kneipe rübersah, wo der augenscheinlich völlig betrunkene Wirt, auf Geldscheinen latschend, um acht Uhr morgens versuchte die Eingangstür seines Ladens in die Angeln zu heben!

Das Einzige was zu diesem Zeitpunkt auf jeden Fall sicher war:

Von Jubiläen jeglicher Art hatten erst mal alle gewaltig die Schnauze voll.

„Alte Freunde"

Auf Grund seiner schrägen Lebensweise hatte Ballo mit einem kleinen 'Nebenproblem' zu kämpfen. Nämlich mit der Tatsache, dass sich in fast allen Lebensabschnitten irgendwelche obskuren Typen um ihn herum versammelten.

In unregelmäßigen Abständen tauchten sie von irgendwoher auf und verschwanden dann wieder. - Oft für immer.

Die meisten davon hatten einen Knacks in der Birne oder einen in der gesetzestechnischen Lebensführung.

Ballos sonniges Gemüt beherbergte allerdings soviel Naivität, dass er diese besonderen Knicke seiner 'Freunde' entweder nicht zu bemerken schien oder wenn doch, er sie als lästige, aber unbedeutende Lappalien abtat.

Eine Einstellung, die ihn mehr als einmal im Leben in nicht gerade angenehme Situationen brachte.

Lange Rede, kurzer Sinn: Der schräge Vogel, um den es geht, hörte auf den Namen Paul und wohnte laut eigener Aussage irgendwo „Bei Bremen, Hamburg, da so ... die Ecke!"

Sein Erscheinen und Verschwinden gestaltete sich folgendermaßen:

Es war einer dieser durchgesuppten, nebligen und ekligen Novembertage, als sich die Tür von Herberts Trinkhalle öffnete und in ihr ziemlich durchfeuchtet, mit Trenchcoat, Bundfaltenhose, relativ teuren Schuhen und feuerrotem Haar, ein allen unbekannter Mensch stand. Zunächst der völligen Ignorierung ausgeliefert.

Bis zu dem Augenblick, da sich Ballo von seinem Bier weg-
drehte, laut und vernehmlich

„Paul - Mensch, Du hier?!" ausrief und gleich auf den Durch-
nässten zustürzte, um ihn recht herzlich zu begrüßen.

Alle anderen warfen einen kurzen Blick auf den Unbekann-
ten, wandten sich dann aber erst mal wieder ihren Gesprä-
chen und Getränken zu.

Ballo kam zügig mit Besagtem zum Tresen.

Das wäre sein alter Kumpel Paul, den hätte er in schwieri-
gen Zeiten mal in Hamburg kennen gelernt.

Viel weiter kam Ballo allerdings nicht, denn der gute Paul
übernahm sogleich die Gesprächsführung ... und da hätte
er, der supertolle Kumpel, ihm, dem armen Schwein doch
dermaßen geholfen und auch Unterschlupf gewährt und
Geld geliehen und überhaupt nur alles erdenklich Gute ge-
tan ...!

Ballo kräuselte etwas die Stirn über das Gesagte, als wenn
er Mühe hätte, sich an die vielen Hilfsattacken von Paul zu
erinnern. Wahrscheinlich gab's da auch nichts zu erinnern ...
zum Teil auf jeden Fall.

Der restlichen Bagage am Tresen gefiel das Gesülze gar
nicht.

Und überhaupt: Trenchcoat!

Ihre Haltung Paul gegenüber kühlte deutlich ab und nach
und nach verschwand sogar jeder Anstand, den man normalerweise Fremden entgegenbringt.

Alle wandten sich wieder ihren zuvor gepflegten Themen zu.

Paul merkte es und unterhielt sich fortan nur noch mit Ballo.

Die anderen bekamen noch mit wie supertoll es ihm doch gehen würde und Ballo solle ihn doch mal besuchen kommen.

Allerdings: Die Geschichten über seinen superguten Zustand steigerten sich zusehends, bis er fast zu einer erleuchteten Lichtgestalt von allumfassender Glückseligkeit wurde.

Ballos Augen strahlten, denn er hörte, angesichts seiner eigenen Lebenslage gerne andere Menschen über ihr unglaubliches Lebensglück faseln.

Tolles Haus - mit Pool.

Die schönsten und himmelbegabtesten Töchter weit und breit.

Glanznoten in der Schule - nicht ganz billige Hobbys.

Und dann wäre da noch der zwölfzylindrige Jaguar.

Außerdem wären die Weiber wie nix hinter ihm her!

Da er permanent lauter als alle Anwesenden redete, konnte man ihn nicht wirklich ignorieren.

„Iss ja wie inne Werbung hier!" rief Hans.

„Ich kotz gleich!" verkündete Hermann.

Da betrat Der Don den Laden.

Daumen hoch in Richtung Herbert: Ein Glas Rotwein!

Ihm wurde sofort eingeschüttet. Er stellte sich an seinen Stammplatz, ein Stehtisch neben dem Tresen, wie immer, allein.

Nachdem er eine Minute das Gesülze von Paul mitbekam, brachte er es auf die zu sich selbst gesprochene Aussage: „Kannste vergessen!"

Paul stilisierte sich gerade zum größten Weiberhelden westlich der russischen Grenze:

„Die hieß Mia und hatte solche Titten", dabei beschrieb er mit seinen Händen einen Medizinball. „Man-o-man, der hab ich's aber besorgt!"

Da das jetzt schon die vierte oder fünfte Weibergeschichte war, in der er es allen hochgradig besorgt hatte, verstummten die anderen.

Nur der Don meldete sich aus seiner Ecke mit einer Frage.

Er hatte einen goldenen Ring an Pauls Hand entdeckt.

„Bist du eigentlich verheiratet?"

Paul schwafelte weiter.

„Ob du verheiratet bist, wollen wir wissen!" setzte Karl nach. Der Ton in seiner Stimme ließ keinen Platz zum Weiterschwafeln. Selbst an den anderen Tischen verstummten die Gäste und die Stimmung bekam etwas Bedrohliches.

„Ich ... äh ... ich .... äh ... also ... ja-ja, ich bin verheiratet!"

Karl giftete: „Na, das hört sich ja nicht gerade toll an."

Paul wurde sichtlich nervös.

„Ja nun, es ist, also, es ist halt so, dass das Ganze irgendwie, na ja, nicht sooo gut läuft ... hahaha ... die Weiber, ihr wisst ja."

„Nä!," rief Hans, „wissen wir nicht!"

„Und was redest Du da die ganze Zeit für eine Scheiße?" fragte Karl.

„Dein hirnloses Gebrabbel kannste dir sonst wo hinschieben!" zeterte Lucky.

„Warum bist Du überhaupt hier?" insistierte Hermann.

„Hat dich deine Alte rausgeschmissen? Ja?" legte Karl noch mal nach.

„Kommst Du mit Frauen überhaupt klar?" krähte Hans wieder dazwischen.

„Versager!" hörte man vom Stammtisch rüberrufen.

Es dauerte keine zwei Minuten, bis Paul zu Heulen begann und Ballo fragte, ob er nicht bei ihm pennen könne, für eine Nacht oder so ...

Unser Großmaulheld war auf jeden Fall restlos fertig.

Geschieden, rausgeschmissen und gedemütigt. Am liebsten hätte er sich erschossen.

Alle knurrten zufrieden und nickten, als Herbert, der alte Tresenphilosoph, noch das Resümee der verbalen Treibjagd kundtat: „Sei einfach immer nur so wie Du bist, dann kann Dir nix passieren, das kann Dir keiner nehmen ...!"

Da ihn jetzt niemand mehr angriff und Ballo ihm tröstend auf die Schulter klopfte, beschloss Paul, sich des Problems durch übermäßiges Trinken temporär zu entledigen.

Zur Verwunderung aller bestellte er als erstes eine Thekenrunde, sollte wohl so was wie eine Entschuldigung darstellen.

Daraufhin öffnete man ihm wieder die Reihe, nicht um ihn aufzunehmen, sondern eher um ihn zu dulden und die weitere Entwicklung des seelisch Gebrochenen kritisch zu betrachten.

Als alle merkten, dass er sich ohnehin nur bei Ballo ausweinen wollte, ließ man ihn den Rest des Abends in Frieden.

Es war schon ziemlich spät geworden und es verstärkte sich immer mehr der Eindruck, dass niemand von ihnen am nächsten Tag arbeiten bräuchte.

Da wurde plötzlich die Tür aufgerissen.

Zwei Polizisten betraten den Laden. In Uniform.

„Moin!" rief der Ältere von ihnen, danach drehten sich die meisten erst um.

Kurzfristig herrschte Totenstille in der geliebten Heimat und gespannte Erwartungshaltung lag in der Luft.

Haui war mit einem Kollegen reingekommen.

„Moin, Haui!" kam es aus Herberts und Ballos Mund gleichzeitig.

Ohne ein weiteres Wort ging Haui auf den Tresen zu und legte ein Foto mit dem Gesicht eines stadtbekannten Säufers und Pyromanen zwischen die Biergläser.

„Habt ihr Theo gesehen?"

Allgemeines Kopfschütteln, nur Herbert zog die Augenbrauen hoch: „Heut' Nachmittag bei 'ner Radtour am Glaner Altarm!"

„Dann ist ja alles klar!" murmelte Haui.

Da ihn die Mannschaft ziemlich fragend ansah, setzte er noch hinterher: „Die alte Fischerhütte brennt - schönen Abend noch!"

Während er das sagte entdeckte er Paul in der Runde, sah ihn an und zog fragend den Kopf hoch.

„Das ist Paul - ein alter Kumpel aus Hamburg!" kam es dann auch direkt aus Ballos Mund.

Fremde waren Haui immer suspekt.

„Na gut!" knurrte er.

Ohne Ballos Auskunft hätte es sonst erst mal eine Personalüberprüfung gegeben.

In manchen Kleinststädten ist das so.

Haui verließ mit seinem Kollegen den Laden.

„Bis nachher!" plapperte Karl, wohl mehr um ihn zu ärgern.

Sofort entbrannte eine wilde Diskussion um Theo, das Schwein, die wunderschöne Fischerhütte, seelisch kranke Leute im Speziellen und die staatliche Sicherheit im Ganzen. Eine Runde jagte die nächste und eh' sich alle versahen, waren sie mal wieder blitzeblau und bauten für Theo ein theoretisches Arbeitslager - natürlich ein gutes, zum Gesundwerden, nicht mit Erschießen und so ..., eines, um wieder Verstand in die Birne zu bekommen, so wie sie ihn halt hätten ...?!?

Trotz der fortschreitenden Zeit füllte sich der Laden zusehends.

Um Mitternacht hatte man den Eindruck, die Stadt würde an nichtseniler Bettflucht leiden.

Die Bude war rammelvoll und der Alkohol floss in Strömen.

Ballo begann, alte Schmonzetten zu grölen.

Siggi, der die letzten zwei Stunden gar nichts mehr gesagt hatte, versuchte mit dem Zeigefinger im rechten Ohr von Karl zu pulen, worauf hin sich dieser fast mit ihm prügelte.

Lucky fertigte eine vom Ecktisch rübergekommene, granatendichte Frau mittleren Alters auf die Frage: „Darf ich bitten?!" (womit wohl ein Tanz zu Ballos Gegröhle gemeint war) mit dem üblen Satz ab: „Ich bin kein Tänzer, ich bin Ficker!"

Was ihm prompt mit einem Gläschen Eierlikör in die Oberhemdtasche vergolten wurde.

Am Stammtisch versuchte sich ein Gast, der dort seine alte Jugendliebe entdeckt hatte, an einer extrem disharmonischen Opernarie.

Warum einer der Gäste an dem T-Träger unter der Decke Klimmzüge machte, war nicht mehr genau festzustellen.

Es animierte auf jeden Fall noch einige andere Gäste, es ihm gleich zu tun und so hangelten zeitweise bis zu vier Personen an der Decke.

Hübsch durchtrainiert, mit Muskeln bepackt, das Hemd vom Oberköper gerissen und die meisten Klimmzüge schaffend: Lucky!

Gejaule, Gepfeife, Gelächter! Der Laden bebte! Der Laden lebte!

Der Einzige, der überhaupt keinen Spaß hatte, war Paul.

Nicht einmal mehr Ballo hörte ihm zu. Auf seine Nachfrage hin gab ihm dieser den Hausschlüssel.

Dann ging er, mit all der schweren Last auf der Seele, seinem Ausweichquartier entgegen.

Kaminbrände und andere Kinkerlitzchen

Dem Gefühl nach muss es gegen vier Uhr in der Früh gewesen sein, als Ballo Herberts Alkhütte verließ und durch den kalten Novemberregen nach Hause wankte.

Es war ihm gar nicht aufgefallen, dass Paul nicht mehr anwesend war - ging ihm allerdings auch völlig am Arsch vorbei.

Da fiel ihm wieder ein, dass er Paul seinen Haustürschlüssel gegeben hatte.

Nichtsdestotrotz tapste er frohen Mutes und ein Liedchen pfeifend auf seine Wohnung zu, weil er meinte, er bräuchte nur zu klopfen und ihm würde aufgetan.

Doch Paul, selber völlig zugedröhnt, hörte weder Klopfen noch Rufen. Irgendwie hatte er auch mit seinem Leben abgeschlossen.

Ballo unterdessen, nicht darauf erpicht ein Fenster oder eine Tür einzuschlagen, war auf die hochgradig durchgeknallte Idee gekommen, die Bude im Sturm über den Kohleschuppen und von da aus weiter durch die Speisekammer zu nehmen.

Das Riskante am Kohleschuppen war sein morsches Dach.

Ballo, oben angekommen, wippte ein paar mal, um die Festigkeit zu prüfen. Schien zu halten. Er wagte sich weiter vor - hielt natürlich nicht!

Mit lautem Geschrei und riesigem Gepolter stürzte er samt morschem Plunder hundertachtzig Zentimeter tiefer. Ballo selber war völlig unbeschadet geblieben.

Denn wie der Volksmund so schön sagt: Dat Glück iss mit die Doofen!

Das war wohl auch der Grund, an den Resten der Hütte sofort einen neuen Versuch der Eroberung zu starten. Wie sich herausstellte mit etwas mehr Glück als beim ersten Mal. Er kletterte durch das Fenster der Vorratskammer ins Haus.

Ein armseliges, lufttrockenes Würstchen, das dort einsam von der Decke hing, musste noch dran glauben, und dann öffnete er die Tür zur Wohnung.

Hier bot sich ihm ein schier unglaubliches Bild: Paul befand sich, halb kniend, halb liegend vor dem erkalteten Kohleofen, den Kopf in der Luke, den Ablufthahn auf 'Auf' gestellt, in der Meinung, es handle sich hier um einen Gasherd.

Ballo schubste ihn an und er wurde tatsächlich wach, drehte seinen von Ruß völlig verschmierten Kopf aus der Luke und hielt Ballo erstmal für Petrus.

An den Verwünschungen, die er dann ausstieß, konnte man erkennen, dass der Verstand wieder einsetzte.

Stinksauer verkroch er sich in das für ihn gedachte Gästezimmer. Wortlos und mit offenem Mund stand Ballo noch eine Weile bewegungslos mitten im Raum.

Das war eine jener Situationen in seinem Leben, zu der selbst ihm nichts mehr einfiel.

Wie er nun so dastand bemerkte er, dass es hundekalt war in der Bude und da er nicht mehr in dem zerstörten Schuppen nach Kohlen suchen wollte, kam er auf den glorreichen Gedanken, Kohleanzünder pur zu benutzen. 'Drei Pakete werden wohl reichen', dachte er, schmiss sie in den Ofen, legte noch ein herumliegendes Stuhlbein obendrauf, entzündete die Mischung und ging zu Bett.

Kurz vorm Einschlafen vernahm er Geräusche, die offensichtlich von Paul stammten ... dann wurde es Nacht um ihn.

Durch die tiefe Finsternis des Schlafes ereilte ihn Geklopfe und Gerufe.

„Polizei! Ballo! Aufmachen! Ballo! Aufmachen! Polizeihei!"
Er stolperte zur Tür.

Wenn er eine Stunde geschlafen hatte, war das viel gewesen. Dort traute er seinen Augen nicht. Vor der Haustür standen Haui ... rechts, und sein Kollege ... links.

Und zwischen beiden - Paul!

Der sah mittlerweile aus, als hätte er ein Gefecht mit einem Panzer ausgetragen. Außerdem stand er nicht, sondern er wurde eher von den beiden Gendarmen gestützt.

Ballo, noch immer besoffen wie auch schlaftrunken, sah Paul an, guckte dann wieder zur offenen Tür des Gästezimmers, wo er ihn eigentlich vermutete - bis die Realität sein Gehirn erreichte.

„Gott im Himmel! Was ist denn jetzt los ...?!?!"

„Wir bringen dir deinen Kumpel zurück.", erwiderte Haui.

„Der faselt die ganze Zeit was von Selbstmord - wollte sich wohl vom Kai aus in die Fluten stürzen - wahrscheinlich hat er nicht mehr die Kiesschute gesehen, die da vor Anker liegt.

Von der Mauer bis zum Kies sind's immerhin drei Meter, na ja ... ging ja noch einigermaßen gut! Richtig schlimm wurde es erst, als der aufgewachte Käpt'n meinte, dein Kumpel wolle bei ihm einbrechen und ihm obendrein noch mit 'nem

Knüppel was aufs Maul gehauen hat. - Schöne Scheiße ist
das!"

Paul, dessen Kopf immer noch von Ruß verschmiert war,
hatte das linke Auge zugeschwollen und war mit Prellungen
und Entstellungen jeder Art übersät.
Sagen konnte er ohnehin nichts mehr.
Die Herren von der Polizei und Ballo verfrachteten den Ge-
schundenen in sein Bett und dann war erstmal Schluss mit
diesem schrecklichen Tag.
Während Ballo zurück in sein Zimmer ging, sah er den rot-
glühenden Ofen und weil's so schön warm war, fütterte er
ihn sogleich mit noch zwei weiteren Ladungen Kohleanzün-
der.
Sekunden nachdem er im Bett lag, fiel er in einen Tiefschlaf
und träumte wirr:
„Polizei! Ballo! Aufmachen! BAAALLO! Aufmachen! Polizei!"
Als wenn er im Traum denken könne, dachte er 'Scheiß
Traum' aber das Gerufe und Geklopfe ließ nicht nach.
Aus der Traum! - Es war keiner!
Er rappelte sich auf: „Ja, ja, komme schon!" guckte aber erst
bei Paul ins Zimmer. Der schlief.
Er ging zur Tür, öffnete sie und sah in Hauis große Augen:
„Ballo, deine Bude brennt! Hab' schon die Feuerwehr geru-
fen."
Er hatte noch 'ne Streife gefahren und dabei den Brand ent-
deckt.
„Ich seh' nix - ich riech' nix!" murmelte Ballo.

52

Haui zerrte ihn nach draußen und zielte mit seinem Arm in Richtung Kamin, aus dem wohl zehn Meter hohe Flammen schossen.

„Ach, du Scheiße ... !"

Ballo wurde blitzartig wach und rannte ins Haus, um Paul zu holen.

Das gleiche machte Haui auf der linken Hausseite, die Lucky bewohnte.

Keine zwei Minuten später rauschte die Feuerwehr mit ihrem ganzen Zug und Vollalarm in die Straße.

Großer Kaminbrand mit schwerem Funkenflug in der Innenstadt bei einem hundertjährigen Haus: Da kommen alle!

Die Hafenstraße wurde vorne und hinten abgesperrt, die große Leiter ausgefahren, Schläuche verlegt, Pumpen angeschmissen - das komplette Programm!

Ballo raufte sich vor Wut die Haare. Unerträglich dieser Tag.

Die bucklige Nachbarschaft, mittlerweile dreißigköpfig vertreten, fand das alles sehr interessant und hatte nichts besseres zu tun als rumzufeixen und dumme Sprüche abzulassen.

„Jetzt kannste auch mal warm essen!"

„Silvester vorverlegt?"

„Hat Mutti nicht aufgepasst auf den Kleinen?"

Ballo holte sich eine Latte vom zusammengefallenen Kohleschuppen und wollte auf sie losgehen.

Davon wiederum hielt ihn Haui ab, der dann auch das Gafferpack weit genug wegschickte, damit man deren dünnes Gelaber nicht mehr hören konnte.

Auf die Frage, wann die Kamine das letzte mal gereinigt worden seien, konnte Ballo keine Antwort geben, weil er es einfach nicht wusste.

Lucky hatte ebenfalls keinen Schimmer, war aber auf hundertachtzig, weil er richtigerweise Ballo als Verursacher der ganzen Misere vermutete.

Sie standen zusammen mit dem Kreisbrandmeister Schulze-Oberhoff und ca. zehn weiteren Feuerwehrleuten in Ballos Wohnzimmer.

Paul suchte sich durch das Gedränge einen Weg.

Da er wegen seiner verhauenen Fresse nicht wirklich sprechen konnte machte er nur Geräusche wie „Öh, öh, öh ...“ und zeigte mit der rechten Hand in die Richtung, in die er wollte.

Als man ihn durchgelassen hatte, versammelten sich alle wieder an der Reinigungsklappe des Schornsteins.

Aus der lief leise das rußige Löschwasser ungefähr anderthalb Meter in den Raum, um dann durch die Dielenbretter direkt in den Keller zu sickern.

Alle guckten schweigend dem Wasser hinterher, bis Lucky gereizt meinte: „Davon wird 's auch nicht gerade besser ...!?!“

„Vom Wegsehen aber auch nicht!“ zickte Ballo.

„Nicht wirklich!“ pflichtete ihm Schulze-Oberhoff bei.

Jetzt versuchte Paul sich wieder durch die dreizehnköpfige Mannschaft einen Weg zurück in sein Zimmer zu bahnen.

„Öh, öh, öh ...!“

„Verdammt noch mal! Was macht der Feuerkopp hier?“ schrie Lucky.

„Der iss hier auf Besuch! Was dagegen?"

Auch Ballo wurde lauter.

Schulze-Oberhoff kramte derweil neben dem Ofen rum und zog fünf Verpackungen für Kohlanzünder hervor und hielt sie fragend in die Luft.

„Hab ich vorhin gebraucht!" nölte Ballo.

„Aaahhh!" machte Schulze-Oberhoff. „Das erklärt 'ne Menge!"

Einige der umstehenden Feuerwehrleute zogen sich die Handschuhe aus und begannen höhnisch zu applaudieren.

Das war Lucky dann zuviel.

„Ich hab 's mir doch gedacht, Du hast Scheiße gebaut!" brüllte er Ballo an.

Im gleichen Augenblick kam Paul wieder aus seinem Zimmer „Öh, öh, öh ...!"

„Schmeißt den Idioten hier raus!" schrie Lucky.

Brauchte aber niemand zu machen, denn er ging von alleine vor die Haustür.

Und zu Ballo gewandt: „Die ganze Kacke hier bezahlst Du! Iss ja wohl klar!"

„Jaja ..." murmelte Ballo, machte dann die Tür zum Keller auf und sah denselben ca. einen halben Meter unter Wasser stehen: „Hast Du 'ne Pumpe?"

Darauf hatte Lucky gerade noch gewartet.

Er rannte nach draußen in den Garten und kam keine dreißig Sekunden später wieder zurück, um von der Wohnzimmertür herüber zu brüllen: „Nä, Pumpe nicht, aber so was ähnliches!" Dabei warf er einen Zehnlitereimer in den Raum.

Die Blauröcke krümmten sich vor Lachen.

Ballo telefonierte daraufhin mit dem Notdienst eines auf Brandschäden spezialisierten Reinigungsunternehmens.

Der Brand war gelöscht; gegen acht Uhr verließen Feuerwehr und Polizei den Ort des Geschehens.

Ballo wartete noch zwei Stunden bis zum Eintreffen eines Reinigungstrupps und übergab diesem den Schlüssel zu seinem geräucherten Schloss.

Dann zog er den guten alten Eisenbahnermantel über, um zielstrebig in Richtung Herbert zu wandern, denn der machte schon um zehn Uhr auf. Am besten ließ sich das ganze Dilemma mit viel Alkohol ausblenden.

Im Garten sah er Lucky, der mit einer großen Spaltaxt versuchte einen dicken Eichenstamm und damit auch seine Wut zu dezimieren.

Vorm Gartenzaun stand ein schweigsamer und schwer verhauener Paul.

Für den hatte er noch ein paar passende Worte: „Und Du, Du verpisst Dich sofort wieder nach Hamburg! Ist das klar?!"

War klar! Es gab keine Widerrede, noch nicht mal ein „Öh, öh, öh ...!"

Paul verließ die Stadt sofort in die Richtung, aus der er gekommen war.

In den folgenden zehneinhalb Stunden verlor Ballo durch exorbitanten Alkoholkonsum so viele Gedächtniszellen, dass er den Brand noch heute für eine Einbildung hält.

Kaisertreu

Etwas unruhiger war es an diesem Abend ohnehin schon in Herberts Schankstätte.

Wehrig, wie man hier zu sagen pflegte.

Herbert hatte heute Geburtstag, was so richtig keinen interessierte, am allerwenigsten Herbert.

Dass er deswegen seinen Gästen einen ausgeben würde stand außerhalb jeder Diskussion: Natürlich nicht!

Ganz im Gegenteil, er erwartete eigentlich einen ausgegeben zu bekommen.

Aufgrund des unendlichen Geizes, der sich hinter dieser Einstellung verbarg, vermuteten einige, da Herbert ja das ganze Jahr über auf hatte, dass er sogar heimlich Heilig Abend, wo die Kneipe angeblich geschlossen war, dann, wenn es keiner merkte, aufmachte, vielleicht zwei Stunden nur, in der Hoffnung, dass doch jemand reinkäme.

Ein paar Kröten saßen immer drin!

Aber das war nur eine Vermutung.

Wie auch immer, Ballo war der erste, der sich zu einer Thekenrunde durchringen konnte. „Herbert! Für alle einen rein! Für dich auch! - Hier," er zeigte in Richtung Tresenende „für Appelbernd auch einen!"

Appelbernd war ein armes Schwein das sich kein normales Bier leisten konnte und ab und an bei Herbert am Tresenende saß, um Leckbier zu saufen. 10 Cent das Glas.

Leckbier ist das Bier, dass beim Zapfen daneben läuft und in den alten und anständigen Kneipen in einer flachen Schale aufgefangen wurde, um es günstig an verarmte Menschen wie Appelbernd verscheuern zu können.

Eine an sich schöne Tradition, die aber in unserer durchgestylten und wohlgeordneten Welt unter Garantie mit diversen Gesetzen und Verordnungen der EU kollidiert.

Nur sind letztendlich Kneipen nicht die Orte, an denen Gesetze oder Verordnungen erfunden werden, genauso wenig wie Demokratien an Bord eines Schiffes.

Und aus exakt diesem Grund gab es bei Herbert immer noch Leckbier!

Der nickte dann auch zufrieden und fing an zu zapfen.

Da Unruhe und wildes Durcheinandergerede ganz schön zugenommen hatten, musste Ballo ziemlich laut seinen Trinkspruch in die Runde brüllen: „Auf unseren Suppenkoch und Schankwirt!"

Alle fingen an zu lachen und Herbert lächelte gequält mit, weil er den Spruch nicht genau einzuordnen wusste, hielt aber die Klappe, um kein böses Blut zu schüren.

Während des Trinkvorgangs öffnete sich die Tür.

In die Rauchschwaden und den abgestandenen Biergeruch ging, nein, schritt, nein, besser noch, schwebte ein hellblonder, wunderschöner Rauschgoldengel.

Die Dame, die die Szene betrat, war allerdings das Gegenteil von einem Engel und allen hier bestens bekannt. Sie glänzte die letzten paar Monate nur wegen Berufsfortbildung durch Abwesenheit.

„Annettchen", riefen Ballo und Herbert im Duett. Wobei sich Zweiter gleich auf sie stürzte, umarmte und einen etwas zu langen Begrüßungskuss auf die Lippen drückte.

„Herbert!", nervte Karl. „Du bist heute 68 geworden?!"
Der Blick, den Herbert daraufhin Karl zuwarf, ließ vermuten, dass Karls Gläser heute Abend besonders schlecht gefüllt sein würden.

„Herzlichen Glückwunsch zum Geburtstag, Herbert!" - sie gab ihm noch einen Schmatzer auf die Wange, zu Karl gewandt, rief sie durch den Raum: „Ich steh auf reifere Männer!"

Was Hermann dazu verleitete, die Behauptung aufzustellen, er sei auch schon steinalt.

„Annettchen, wie geht's dir denn?" fragte Ballo.

„Ooch, ganz gut."

„Was machste so? Immer noch beim Staat?"

„Jau!"

„Knackis behüten?"

„Nä, ich bin die Leiter hoch. Justizministerium, beim Land - Schweinereien aushecken!"

„Hey super, biste bald Justizministerin?"

„Nä, nä, falsche Partei - will ich auch nicht."

„Und sonst so ...?"

„Alles wie gehabt. Ich bin immer noch diamantensüchtig und hab 'ne Nickelallergie!"

Wobei sie ihre mit Goldringen verzierten Finger hob und sich dann über sich selbst halb schräg lachte.

„Herbert! Zapfen!" der Baron schubste Herbert an, der trotz seines Alters nicht den Blick von Annettes Arsch wegbekam.

„Unglaublich, dieser geile Bock!" murmelte Hans, bevor wieder gezapft wurde.

Mit Annette in der Gemeinde hob sich augenblicklich die Stimmung im Laden.

Nach zwei Stunden lustiger Zecherei fingen Ballo, Annette und die anderen an zu singen.

Vorzugsweise Lieder aus den Zwanzigern und Dreißigern: Ich hab' dein Knie gesehn. Was hast du gemacht letzte Nacht? Reeperbahn. Theodor im Fußballtor und Ähnliches.

Nur um mal eine ungefähre Vorstellung davon zu geben, mit welchen Leuten wir es hier zu tun haben.

Zwischen dem Gesang der Lieder wurden die ganzen alten Geschichten ausgegraben und, mal wieder, zum Besten gegeben.

Was einen doch wundert; denn es sind fast immer die gleichen Geschichten.

Die Leute werden jedoch nicht müde sie wieder und wieder zu erzählen und auch zu hören.

Ab und an gab es Neues zu berichten, auch das wurde dann in die Runde geworfen.

In diesem Falle war es Ballo, der die Neuigkeit besaß: Er hatte sich ein neues Segelboot gekauft!

Zum großen Erstaunen aller Anwesenden, die bis jetzt keinen blassen Schimmer hatten.

Wie, neues Segelboot, wieder so eine aufblasbare Plastikjolle wie die drei Rosches?

Allgemeine Ratlosigkeit.

Die drei Rosches waren bisher Ballos 'Segelboote'. Es handelte sich dabei um Schlauchboote, die gesegelt werden konnten. Erbärmlich, aber Ballos ganzer Stolz.

Benannt hatte er sie nach seiner Lieblings-Kornbrennerei im nicht so fernen Emsland.

Es kam die Frage auf ob es sich bei dem neuen auch wieder um so eins handeln würde.

„Nein", rief er jetzt in die Runde, „ein richtiges, aus Holz und so ...!"

Da waren alle platt.

„So'n richtig großes?"

„Ja, neun Meter lang."

Großes Staunen in den heiligen Hallen. Neun Meter, aus Holz, ein richtiges Segelschiff, damit hatte keiner gerechnet.

Fragen über Fragen, Biere über Biere.

Es wurden diverse Vereinbarungen für Segeltouren getroffen; darauf noch mehr Biere.

Das ganze Hallo dauerte bis zu dem Zeitpunkt, als jemand nach dem Namen des Schiffes fragte.

Ballo hatte keinen!

Das war für unsere Küstenbewohner wirklich unglaublich, er hatte keinen Namen für sein neues Boot. Das war nicht üblich!

Er wollte es auch nicht Rosche Vier taufen, weil doch jetzt eine ganz neue Ära angefangen hatte. Darum besaß er nun ein Segelboot ohne Namen.

Eine Diskussion über einen neuen Namen ließ er nicht zu, das wäre zu gewollt, da müsse einen schon die Muse küssen - für so einen Namen.

Die anderen nahmen es zähneknirschend zur Kenntnis, hatten sie doch schon so tolle Eingebungen wie 'Elisabeth',

'Marie-Louise', 'Dröge Pünte' und ähnlichen Schwachsinn in ihren Köpfen zusammengereimt.

So zog der Abend ohne neuen Namen immer tiefer in die Nacht, bis Annettchen im Zustand beschwingter Trunkenheit das Lied 'Es ritt ein Kaiser wohl über mein Grab!' anstimmte.

Sie hatte es von ihrer ostpreußischen Oma gelernt, als diese noch bei Verstand war.

Als einziger stimmte Ballo mit ein.

Sonst kannte niemand diesen royalen Klassiker.

Annette und Ballo standen jetzt Arm in Arm singend und schunkelnd vorm Tresen und erheiterten den ganzen Laden.

Als sie fertig waren und Gejohle und Applaus sich etwas gelegt hatten, rief Ballo noch mal laut: „Jawohl, wir sind kaisertreu!"

Frenetischer Jubel über soviel Schwachsinn; noch 'ne Runde, aber nur für die Kaisertreuen.

Kaisertreu, kaisertreu, immer wieder fiel das Wort.

Und zwar so lange und so oft, bis Ballo es ständig vor sich hinbrummte, irgendwann den Kopf hob, Annette einen Schmatzer auf die Wange gab, sich bei der Ahnungslosen bedankte und dann laut brüllte: „Kaisertreu - das ist der Name meines neuen Segelboots - Kaisertreu!"

Jubel im ganzen Laden, das war der mit Abstand fertigste Name, den sich jemand für ein Segelboot ausdenken konnte.

Sie freuten sich, Kaputte in so kaputter Gesellschaft zu sein und soffen noch mehr, als sie den ganzen Abend über schon gesoffen hatten.

Am folgenden Samstag wurde ein Pinsel und ein Töpfchen weiße Farbe besorgt und die Beschriftung des Seglers vorgenommen.

Noch heute überschlagen sich die Hafenmeister, wenn Ballo eingelaufen kommt und bei der Ankunftseintragung 'Kaisertreu' in die Meldebücher schmiert.

Ballo macht 'nen Führerschein

Es gibt manchmal Kleinigkeiten im Leben, die man einfach vergisst.

So eine Kleinigkeit war zum Beispiel die Tatsache, dass Ballo zwar einen Privat- und einen Firmenwagen besaß, diese auch im öffentlichen Verkehr bewegte, er aber sein Lebtag noch keinen Führerschein gemacht hatte.

Seit 18 Jahren fuhr er ohne diesen Lappen durch die Gegend und war wie durch ein Wunder noch nie in eine Kontrolle geraten.

Es könnte daran gelegen haben, dass die Heimatstadt von Ballo nicht sehr groß war.

Er besaß sozusagen stadt- und amtsbekannte Kennzeichen, die ihn davor „schützten" in Ungemach zu geraten.

Doch irgendwann im Leben kommt bei jedem Menschen der Punkt, an dem er sich überlegt oder überreden lässt, vernünftig zu werden.

Dieser Tag kam auch bei Ballo.

In Form von Heinze und Herwig, zwei Duzfreunden aus der Ausbildungszeit, die mittlerweile auch im Musikalienfachhandel selbständig waren.

Diese beiden besuchten ihn an einem Freitag und wie immer, endete auch dieser Tag in Herberts Kneifzangenbude.

„Nie ohne Führerschein," bemerkte Heinze weise „weil, da haben se' dich sofort am Arsch."

Diese in sich schlüssige und von wahrlich hoher Denkkunst zeugende Aussage haute Ballo schier um und er wollte auch sofort besagtes Dokument erwerben.

„Iss noch 'n Fahrlehrer hier inne Bude?" rief er von seinem Stammplatz am Spülbecken in die Kneipe.

Einer schrie: „HIER!" - hob die Hand und fiel gleichzeitig völlig besoffen vom Stuhl.

„Himmel - Arsch - und - Zwirn!" quietschte Herwig vor Vergnügen. „Den hat uns der Heilige Stefanus persönlich geschickt!"

„Ich bin Jupp!"

Jupp lag allerdings noch immer auf dem Boden, weil die zwei Damen und der andere Herr von seinen Tisch sich einen Dreck um ihn kümmerten.

So blieb es an Herwig und Ballo den Herrn Fahrlehrer hochzuwuchten.

Alleine war er dazu auf keinen Fall mehr in der Lage!

„Schöppkesbuer! Schöppkesbuer iss mein Name!"

„Iss gut Jupp - setz Dich erst mal und trink noch einen!"

„Dass iss ne gude Ideee - ihr sei-h-it feine Schungs. Alle seen imma nua wiewiel ich drinke, aber nich aine Sau wiewiel Durs ich hap - so ...!"

„Hey Jupp, das iss ja ein Klassiker - ein Brüller, sozusagen! Ein Bier für Jupp!!"

„Den will ich! - Den nehm ich!" Ballo war begeistert!

Herr Schöppkesbuer wurde auf einen Stuhl an den Tresen verfrachtet und als erstes darauf festgeklopft, die nächste Fahrstunde gleich Ballo zu geben.

Die anfängliche Wehrhaftigkeit ließ nach einigen Hartgebrannten aus vorhin genannter Kornbrennerei nach und als Herwig sich seines Terminkalenders bemächtigt hatte, wurde kurzerhand um Mitternacht bei einem gewissen Herrn

Radtke angerufen und dessen Fahrstunde am kommenden Morgen von neun nach zehn verlegt.

Das Letzte, woran sich Jupp Schöppkesbuer am nächsten Morgen noch erinnern konnte, war irgendein Termin an der Haltestelle des Busbahnhofs und der Spruch seiner Frau, als diese mit ihren zwei anderen Gästen den Laden verließ: „Das besoffene Schwein könnt ihr behalten!"

Pünktlich stand Ballo mit Heinze und Herwig um 9.00 Uhr am Busbahnhof und wartete auf die Fahrschule Schöppkesbuer.

Die kam auch, nicht ganz so pünktlich, mit einem Kleinwagen zur Straße eingebogen.

Jupp hatte eine sehr große Sonnenbrille auf der Nase.

Das Gefühl, dass er am liebsten an Ballo vorbeigefahren wäre, wurde man nicht wirklich los.

In Punkto Alkoholfahne taten sich beide nichts, Ballo stank nur zusätzlich noch nach Knoblauch.

Dieser spezielle Geruch war es dann auch, der Jupp erst mal ins Gebüsch zum Kotzen trieb.

Auch Ballo setzte sich eine sehr große Sonnenbrille auf, zwängte sich hinter das Lenkrad des Kleinwagens, wartete noch bis Josef Schöppkesbuer auf dem Beifahrersitz Platz genommen hatte und gab dann, unter lautem Gegröle und Gepfeife von Herwig und Heinze, dermaßen Gas, dass die Reifen beim Anfahren durchdrehten und quietschten.

Jupp drückte aus Panik auf das Not-Bremspedal und so blieben sie mitten auf der nächstgelegenen Kreuzung stehen.

Heinze und Herwig kriegten sich nicht wieder ein.

„Langsam, Herr Ballhaus! Langsam! Erst mal wollen wir uns doch die Rück- und Seitenspiegel und den Sitz einstellen und danach den Sicherheitsgurt umschnallen, nicht wahr?!"

„Die Theorie ist meine Schwäche! Die Theorie!" schwafelte Ballo, ergab sich dann aber doch in sein Schicksal.

In den darauffolgenden vier Wochen sah man des Öfteren einen hochvergnügten Herrn Ballhaus und einen ebenso gestimmten Herrn Schöppkesbuer, gemeinsam sehr große Sonnenbrillen tragend, im Fahrschulauto durch Stadt und über Land fahren.

Den weitaus größten Spaß hatten aber beide jeden Abend bei Herbert.

Für Herrn Schöppkesbuer waren es die alkoholreichsten Wochen seines Lebens, die dann auch, sozusagen als Finale, in einer schweren Ehekrise endeten.

Nur für Ballo war alles wie immer!

Die Erlangung des begehrten Scheins machte rasch sichtliche Fortschritte.

Beim Optiker musste wegen seines linken Auges mit einem Hunderter noch etwas nachgeholfen werden, aber ansonsten klappte alles reibungslos.

Mit den Augen hatte die ganze Familie Schwierigkeiten.

Seine beiden auswärts lebenden Brüder trugen schwere Spekuliereisen auf den Nasen und seine Mutter, Gott habe sie selig, war fast erblindet!

Was Ballo damals nicht davon abhielt, ihr zu Weihnachten einen neuen Fernseher zu kaufen. Mutter Ballhaus war begeistert: Denn das Geschenk war von ihrem Lieblingssohn und zudem hatte das Gerät einen viel besseren Klang als die alte Möhre, denn es hatte Stereo.

Da ließ sich Ballo nicht lumpen - auch wenn seine Brüder das alles nicht so witzig fanden.

Ballo hat 'nen Führerschein

Auf jeden Fall hatte Ballo den Schein nach einem Monat in der Hand, und zu Ehren all dieser wunderbaren Umstände kam Heinze mit seinem dicken 280er vorgefahren, um sich von ihm, natürlich mit Herwig auf der Hinterbank, durch die Gegend gondeln zu lassen; alle piekfein in Anzug und Trenchcoat.

Einziger Anlaufpunkt dieser Fahrt war Heinzes Wohnort, eine vierzig Kilometer entfernt liegende größere Stadt und daselbst die völlig heruntergekommene, ehemalige Landgaststätte 'Sauerwirt', in Insiderkreisen nur 'Das Nichts' genannt, und wie man sich schon denken kann, Heinzes Stammkneipe.

Sie stürzten mit lautem Getöse in den Laden und Ballo musste, obwohl er dort niemanden kannte, erst mal eine Thekenrunde schmeißen.

Im Prinzip war es ein Abend wie bei Herbert auch: Man besohlte sich nach bestem Wissen und Gewissen, ließ kein Bier und keinen Korn aus, bis alle kaum noch stehen konnten - Ballo eingeschlossen.

Der einzige Zwischenfall des Abends ereignete sich, als ein alter, kleiner, gichtiger Opa an Krücken in den Laden humpelte und Heinze bei seinem Anblick sofort stöhnte: „Oh Gott, Krienke! - Nicht der Nervenarsch! - Nicht heute Abend!"

Kaum ausgesprochen, hangelte sich der Alte zu den Dreien rüber, weil er Ballos Gesicht noch nie gesehen hatte.

Heinze hasste den Typen dermaßen, dass er, obwohl noch kein Wort gefallen war, schon kurz vor der Explosion stand.

Ohne Gruß und Ansatz krähte der Giftzwerg aus Richtung Gürtellinie in Ballos Gesicht: „Ich bin Nazi, ich bin Nazi!"

Ballo fiel einfach nur die Klappe runter.

Im gleichen Augenblick hatte Heinze sein Bier in die Rechte genommen, den Alten mit seiner Linken gepackt und aller darin steckenden Gewalt zu sich gezogen.

Zur linkischen Hinterhältigkeit, die der Alte ausstrahlte, gesellte sich noch ein unfeiner Geruch, den er erst jetzt, wo er so nahe dran war, wahrnehmen konnte.

„Du widerlicher alter Kotzbrocken," flüsterte Heinze ihm ins Ohr, während er langsam sein Bier hinter das Revers des Alten goss, „ich geb' Dir gleich Nazi! ... und den Pissgestank vertreib ich direkt mit! Du machst Dich sofort vom Acker, klar?!"

Der Alte machte den Mund auf.

„Ist das klar?" Heinze riss ihn noch mal an sich, bevor etwas aus der mit braunen Zähnen gespickten Höhle kommen konnte.

Der Alte hob die Hände wie zur Gefangennahme und winselte: „Alles klar, Herr Bökker, war nur ein kleiner Scherz!" packte seinen Krückstock, ging ohne ihn zu benutzen zur Tür.

Er drehte sich noch mal um ... doch da brüllte Heinze schon durch den Laden:

„Du bist ja immer noch nicht draußen!" ... was einherging mit dem Wurf eines Aschenbechers in Richtung Tür.

Der Quasi-Nazi entwich dem Geschoss, verschwand mit der Behändigkeit eines Dreißigjährigen und ward den Rest des Abends nicht mehr gesehen.

Ab dann wurde das Gelage auch durch niemanden mehr gestört.

„Die Zeit vergeht im Sauseschritt und wir, wir sausen mit!" grinste Ballo, als es mittlerweile zwei Uhr geworden war.

„Zeit aufzubrechen. - Taxi!"

Aber das Taxi kam und kam nicht.

Nach zwanzig Minuten, es mögen auch weniger gewesen sein, besannen sich die drei Herren auf ihr eigenes Gefährt und torkelten nach draußen.

Scheißegal! Wagen auf, Schlüssel umgedreht und losgefahren.

Keine zweihundert Meter hatten sie zurück gelegt, als hinter Ihnen die Blaulichter angingen.

In völliger Hilflosigkeit sah Ballo, der ja zur Ehre des Tages fuhr, Heinze auf dem Beifahrersitz an.

„Was jetzt?"

Herwig, total besoffen, krümmte sich auf der Hinterbank vor Lachen.

„Bleifuß", gab Heinze gelassen die Antwort, „iss ja 'n 280er!"

Und Ballo, der Schussel, drückte drauf.

Der große Motor heulte mächtig auf und der Zweitonner schoss ab wie eine Rakete.

„Mann, der geht aber ab", wunderte sich Ballo.

„Sag ich doch - iss 'n 280er!" war Heinzes einziger Kommentar.

Die Blaulichter hinter dem Wagen entfernten sich immer weiter, bis sie auf Grund mehrerer Kurven nicht mehr zu sehen waren.

„Da hinten die nächste links und dann sofort wieder links!" gab Heinze Anweisung.

Herwig pisste sich vor Vergnügen und Betrunkenheit fast in die Hose.

Der schwere Wagen schoss in die linke Straße, doch von dort kam ihnen schon ein weiteres Einsatzfahrzeug mit Vollalarm entgegen.

„Was jetzt?" Ballo war mittlerweile etwas nervös geworden.

„Dran vorbei und erst mal weiter geradeaus!"

Heinze ließ sich nicht aus der Ruhe bringen.

Ballo machte dann einen Schlenker nach rechts über die Parkspur.

Das funktionierte recht passabel.

Dummerweise raste jetzt schon der erste Verfolgerwagen hinter Ihnen in die Straße, während der Umfahrene mit quietschenden Reifen wendete und sie somit schon zwei Blaulichtstreifen hinter sich hatten.

Sie befanden sich jetzt auf einer großen Ausfallstraße.

Die nächste große Kreuzung war noch etwas entfernt aber sie konnten, während sie sich ihr näherten, sehen, wie sie von vier weiteren Einsatzwagen zugestellt wurde.

Ballo fiel nichts anderes ein als schon wieder: „Und jetzt?" zu fragen.

Heinze machte: „Hmm!" kratzte am Kinn und rief dann plötzlich: „Da vorne rechts - da zwischen den zwei Häusern hinter der Frittenbude, da ist 'ne ganz, ganz kleine Gasse, halt da mal rein!"

Ballo tat wie ihm gesagt wurde.

Mehr als die schwere Limousine breit war hätte da auch nicht durch gepasst.

Ballo gab wieder richtig Gas und der Wagen schoss, ein letztes mal mit Hochgeschwindigkeit, durch die enge Passage.

Nach ca. 100 Metern war einer dieser Straßenhuckel zur Geschwindigkeitsbegrenzung quer über das Sträßlein gebaut, allerdings ein hässlich hoher.

Der Wagen setzte so hart drauf, dass die Stoßdämpfer durchschlugen und sich die Motorhaube öffnete.

Die krachte dann wie ein Metallsegel auf die Frontscheibe.

Wildes Geschreie im Wageninnern.

Herwig kreischte vor Vergnügen auf dem Hintersitz und verlor durch seine völlige Trunkenheit, den Aufprall und das darauf folgende Gerüttel die Fähigkeit, seine rudimentären Muskeln zu beherrschen. Die Hose war nass.

„Ouh, Mann, Heinze!" brüllte Ballo. „Der Wagen ist nicht mehr zu lenken."

Ein Teil der Vorderfront hatte sich verbogen und in den rechten Reifen gefressen, zu sehen war eh nix mehr und obwohl Ballo, aus dem Seitenfenster rausguckend, immer noch Gas bis zum Anschlag gab, wurde der Wagen kontinuierlich langsamer.

Nach ca. 150 Metern stand die Kiste und rauchte leise zischend vor sich hin.

„Krabbel nach hinten zu Herwig und sag nix!" befahl Heinze.

Eine Armada von mittlerweile acht Polizeiwagen raste von vorn und hinten auf sie zu. Ballo, nun ein letztes Mal: „Und jetzt?"

„Hübsch machen und Schnauze halten! Ich frag mal, was so los ist! Ihr wisst von nix, weil ihr zu besoffen seid - den Rest regle ich!"

Alle drei zogen sich die Anzugjacken zurecht, klopften die Trenchcoats etwas gerade und rückten die Krawatten in die richtige Position.

Mehrere Polizisten kamen, die Hände zum Teil an den Pistolen, auf das Auto zu.

Einer guckte durch die Fahrerscheibe rein, klopfte noch mal höflich und riss dann die Tür auf.

Da überkam es Heinze großkotzig: „Meine Herrn, liegt was Besonderes an heute Nacht? Uns ist übrigens der Fahrer abhanden gekommen ..."

Das war das Letzte, was er sagte, denn im nächsten Augenblick lagen alle drei auf dem Boden, wurden nach Waffen abgetastet und in Handschellen gelegt.

Einer der Polizisten hatte Ballos Führerschein in der Hand und rief seinen Kollegen zu:

„Na, da schau einer her! Erst heute ausgestellt! Herzlichen Glückwunsch, Herr ... Herr Ballhaus!!!"

An einen ominösen „Berni", der laut Heinzes Aussage den Wagen gefahren haben soll, glaubt die Bremer Polizei bis heute nicht, genauso wenig wie das Amtsgericht.

Dieses sah den, vom POM Schröers, festgestellten „noch warmen Fahrersitz" als Beweis dafür an, dass natürlich einer der drei Trunkenbolde den Wagen gefahren hatte.

Auch wenn Heinze ständig behauptete, dass genau dieser Umstand doch das Gegenteil beweisen würde.

Das Ergebnis war stattlich und konnte sich sehen lassen: Alle drei Führerscheine für ein Jahr weg, vor allen Dingen wegen der hartnäckigen Aussageverweigerung, 100 Tagessätze á 30,00 EUR und Übernahme sämtlicher Gerichts- und Schadenskosten.

Außerdem nur knapp an einer Beugehaft und sonstigem Strafvollzug vorbeigeschrammt, wenn man drei Monate auf Bewährung so sehen möchte.

Die gute Laune war bei unseren drei Helden fürs Erste hin.

Bei drei Taxiunternehmen in der Norddeutschen Tiefebene allerdings stieg sie für ein Jahr.

Süchtige, Anwälte und ein Gerichtsverfahren

Wie so oft war kein Mensch in Ballos Laden gewesen.

Kasse null, Laune null.

Nach Ladenschluss steuerte Ballo direkt auf Herbert zu.

Als er die Kneipentür öffnete und wieder mal die gleichen Typen mit den gleichen Getränken an den gleichen Plätzen stehen sah, dachte er zuerst, er hätte ein Déja Vû.

Aber der Blick auf den Kalender hinter Herberts Rücken belehrte ihn eines Besseren.

Außerdem war der Stammtisch von einer Gruppe etwas besser gekleideter Damen belegt.

„Wenn du so richtig süchtig bist, dann machst du noch ganz andere Sachen." dozierte Karl.

„Zum Beispiel dir zum Frühstück Rum reingießen." feixte der Baron, als er Ballo erblickte.

„Ha, ha, ha!" lachte Ballo gekünstelt, entledigte sich seines Bahnermantels und ließ sich auf seinen Stammplatz nieder.

„Nänänä", fuhr Karl fort, „ich meinte nicht Ballo, das ist ja normale Härte!"

„Ach ja?" giftete der Baron „Und was ist in deinen Augen nicht normal?"

„Ich meine Typen wie Klaus ...", verteidigte sich Karl - woraufhin betretenes Schweigen herrschte, denn Klaus weilte wegen eines Unfalls mittlerweile nicht mehr unter den Lebenden.

Alle waren außerdem unsicher, wie Herbert auf den Namen reagieren würde, denn der hatte besagtem Klaus ein halbes Jahr zuvor Hausverbot erteilt, weil dieser nachgewiesenermaßen überall in der Stadt erzählte, dass Herbert die Biere mit der Gabel (sprich vier statt eins) notieren würde.

Außerdem hätte ihm der Amtsarzt in einem vertraulichen Gespräch zugetragen, dass man sich für Seuchengebiete keine Tropenschutzimpfung holen bräuchte, wenn man nur lange genug aus Gläsern gesoffen hätte, die bei Herbert vorm Befüllen durch das dortige Spülbecken gewandert seien.

Herbert schwieg ins allgemeine Schweigen und tat so, als hätte er den Namen nie gehört.

„Tja", durchbrach Karl die Stille, „wir waren letzten Sommer mit mehreren Leuten zum Schnorcheln auf dem Silbersee - da Klaus aber dermaßen geil auf die Glimmstengel war, wollte er partout nicht mitmachen. Hätten ja saubere Luft und Sauerstoff in seine Lungen kommen können."

„Und? Wie habt ihr das Problem gelöst? Ihn an Bord gelassen?" machte sich Schöpkesbuer schlau.

„Nä, wir haben die ganze Zeit überlegt, wie man Schnorcheln und Rauchen verbinden kann."

Alle prusteten los: Schnorcheln und Rauchen, der neue Volkssport! Geile Fertigen-Show!

Nobel-Preis für die Kaputten!

Da Ballo ohnehin nicht zum Lachen war, stellte er ganz stumpf die Frage: „Und ... hat's funktioniert?"

„Jau!" war Karls kurze Antwort, die fragende Gesichter im geliebten Heimathaus entstehen ließ. Dann gab er auch die Lösung preis.

„Also, Klaus sprang ins Wasser und wir haben ihm dann eine Taucherbrille mit Schnorchel runtergereicht, an dem wir noch mit 'nem kleinen Draht eine Zigarette angebracht hatten - und jedes Mal, wenn er atmete, sog er auch entsprechend Qualm mit rein. Iss nicht so viel, wie wenn man richtig raucht aber immerhin ..."

Die anderen, die das Ganze erst als Spinnerei betrachtet hatten, brauchten wohl eine halbe Minute, um sich von der Absurdität dieser Erzählung zu erholen.

Mit Lachen war Schluss!

„So tief möchte ich mal runterkommen." ätzte der Schuster.

„Das wird ein lang anhaltender Fall!" gab der Baron zu bedenken.

Irgendwie war allen die Laune vermiest. Karl, der das Ganze eigentlich als Gag hatte rüberkommen lassen wollen, drehte sich verlegen mit dem Zeigefinger Kringel in den Bart.

„Ja - über Tote soll man keine Witze machen - egal, wie sie sich im Leben benommen haben." moralisierte Herbert.

Während am Tresen noch Schweigen herrschte, öffnete sich die Tür und ein augenscheinlich schon angetrunkener Mann betrat den Laden.

Es war der Rechtsanwalt von nebenan. Er war einer jener Menschen, die man nicht genau kannte aber immer mit etwas Unangenehmem verband.

Zudem war er einer dieser Zeitgenossen, von denen man nur den Nachnamen behielt.

„Wenn man vom Tod spricht ...", raunzte Lucky über den Besuch des Unerbetenen.

Zur Freude aller, sah dieser als erstes die besser gekleideten Damen am Stammtisch und blieb dort auch prompt hängen: „Hallo Mädels, ich heiß Detlev ...!"

Lucky plusterte die Wangen auf, als müsse er jeden Moment über den Tresen kotzen.

„So, so, Detlev!" zischte Karl vielsagend.

Besagter Detlev fand sich selber umwerfend komisch.

Er legte zwei Finger, zur Nase zeigend, auf die Oberlippe, sah auf seine Uhr, die zwanzig vor zehn anzeigte.

Dann bestellte er: „RRRÖÖÖHHH - HERRBERRT!!!"

Selbiger sah sofort auf, denn diese vielsagende Volksempfängerstimme kannte er noch zur Genüge aus seiner Jugend.

„Äch hätte gärrn ain Birr. Ond zwarr om zähn-oor-fönf-ondvärzig!"

Herbert zapfte, Lucky schlug sich mit der flachen Hand vor den Kopf, die Anderen schüttelten denselben und Der Don nahm das EK1 seines Großvaters vom Revers, fummelte in seiner Tasche, zog eine Tapferkeitsmedaille der Roten Armee heraus, heftete sich dieselbe an die Brust, tippte sich dann mit dem Zeigefinger an die Stirn und sprach vernehmlich: „Advokatsky Hospitalinsky!"

Was alle irre komisch fanden.

Der Herr Advokat selber bekam davon gar nichts mit, weil er zu sehr mit dem Angraben der Damen beschäftigt war.

„Bring dem Spinner ein Kilo Kies, damit er noch besser baggern kann!" raunzte Siggi unserem Schankwirt zu. Als der das Advokatenbier alles andere als fertig hatte, wurde es schon wieder sehr unruhig am Stammtisch: Detlev sprang plötzlich auf, verrenkte sich mit einer gewissen Ähnlichkeit zu einem Joe Cocker - Auftritt auf der Bühne, begann zu zappeln und dann 'With a little help from my friends!' so schief es eben ging zu singen.

Die Weiber quiekten vor Vergnügen. Den Jungs am Tresen fiel der Unterkiefer über so viel schlechten Geschmack einfach nur herunter und Lucky brüllte in das Gekreische:

„Da haben wir ihn endlich: Detlev-Adolf-Cocker!"

„Dem sollte man was mit 'nem Kanteisen auf die Schnauze kloppen!" stöhnte der Baron.

„Ich möchte mal wissen, wer sich von dem vor Gericht vertreten lässt ...!?!?" fragte Herbert in die wiehernde Runde.

Der Einzige, der das nicht so zum Schießen fand, war Ballo: Er saß ziemlich zerknittert am Waschbecken und als er merkte, dass alle ihn anglotzten, hob er beide Arme abwehrend in die Luft: „Ok, ok, ok - morgen such ich mir 'nen Anderen."

Herbert beugte sich von hinten über den Tresen und klopfte Ballo väterlich auf die Schulter: „Junge, so kann das mit Dir auch nichts werden. Nimm doch meinen, der ist gut! Landser, Hermann-Josef Landser, der von der Burgstraße!"

Ballo nickte nur.

Detlef Adolf Cocker stürzte zum Tresen und zahlte mit einem Fünfziger das Bier.

„Frisch ausse Presse bei mir im Keller, hahaha! Die Mädels lös ich auch aus! Hahaha!"

Keiner an der Theke verzog auch nur eine Miene, die Weiber am Stammtisch wieherten und Herbert rechnete zusammen: „46 - genau!"

„Stimmt so ...!"

Herbert steckte den Fünfziger in die Kassenlade.

Zwei Minuten später war der dreifaltige Imitator mit den Mädels verschwunden.

„Hohe Rechnung!" murmelte der Baron.

„Ausgleichende Gerechtigkeit," erwiderte Herbert. „Der Führer hat für alle noch einen ausgegeben!"

Während sich die Meute vor Lachen krümmten, ging Lucky hinter den Tresen, nahm Herberts Kopf und küsste ihm auf die Vorderglatze: „Dafür lieb ich Dich!"

„Nicht nur Du!" rief Karl.

„Bitte keinen Sex hinterm Tresen!" bockte Schöppkesbuer.

Je später es wurde, um so mehr füllte sich die Hütte.

Als erste kamen Gertie und Harry von der Wasserschutz. Dienstfrei. Lange nicht gesehene Gäste waren mal wieder anwesend.

Gerd war aus Afrika, wo er Großwassersysteme installierte, zum Heimaturlaub angereist.

Michael hatte Urlaub von einer seiner Bohrinseln.

Wolfgang, der Küster von der Pauluskirche war auch da.

Dr. Breitenbach schlürfte sein Bierchen und es war wie zu den besten Zeiten, die dieses hohe Haus schon erlebt hatte.

Da ein jeder Interessantes zu erzählen hatte, kam die schon erwähnte Weltkarte etliche Male zum Einsatz.

Alles wäre auch so schön geblieben, wenn da nicht zwei Gestalten, draußen im Dunkeln gewartet hätten. Als die Sperrstunde um keine dreißig Minuten überschritten war, stiegen sie aus ihrem Fahrzeug und gingen Richtung Schankgaststätte.

Es waren dies Peter Krosiek, Hauptwachtmeister und Hans Vogel, Oberwachtmeister.

Wobei Letzterer seit zwei Jahren, wegen einer angezettelten Schlägerei, bei Herbert Hausverbot hatte.

Da die vordere Haupteingangstür schon verschlossen war, betraten die beiden den Laden über den Toilettennebeneingang. Hier kannten sich beide bestens aus.

„Das war's!" rief Vogel in den Laden. Da er eine Uniform trug brauchte er sich nicht auszuweisen.

Dieses „Das war's!" hörte sich nicht so an wie „Hier ist für heute Schluss!", sondern mehr wie „Der Laden bleibt für immer dicht!"

Da Herbert in den letzten zwei Jahren schon drei weitere Male mit 'Überschreiten der Öffnungszeiten ' erwischt worden war, stand genau dieses zu befürchten: Konzessionsentzug.

Interessanterweise erwischten immer nur Herr Krosiek und Herr Vogel den alten Herbert bei dieser Verfehlung.

Allerdings auch erst, seit sie hier nicht mehr ihre Abende verbringen durften.

Um das Generve zu vollenden wurden alle anwesenden Personen erkennungsdienstlich mit ihren Personalien erfasst.

Es dauerte knapp eine Stunde, bis der letzte der siebzehn Gäste gehen konnte.

Acht Wochen später spielten sich im ehrwürdigen Amtsgericht der Stadt, Sitzungssaal 3 (vorsichtshalber dem Größten) folgende Szenen ab: Harry und Gertie von der Wasserschutz waren „zufällig" am Verhandlungstag an einer plötzlichen Magen und Darmgrippe erkrankt, was den Kreis der sowohl als Zeugen wie auch beschuldigten Geladenen auf fünfzehn sinken ließ, plus einem Hauptbeschuldigten.

Hier ein kleines Gedächtnisprotokoll:

„Herr Michael Schultheiss, sie sind Diplom-Ingenieur , arbeiten weltweit auf verschieden Arbeitsplätzen im Erdölbereich und haben ihren Hauptwohnsitz hier in der Stadt?!
Soweit richtig, nicht wahr?! Schildern Sie doch mal den Verlauf des Abends!"

„Tja, Herr Richter, es war wie folgt: Mein Hund Brahms weckte mich mitten in der Nacht, da er noch Gassi musste und während ich mit ihm spazieren ging, damit dieser der Verrichtung seines Geschäfts nachkommen konnte, überkam es mich selbst. Das einzige noch brennende Licht in der Stadt, war das des Herrn Gerling. Ich habe dort heftig geklopft und mir wurde aufgetan um mich zu erleichtern. Zu diesem Zeitpunkt war der Laden nicht mehr geöffnet. Herr Gerling musste aufschließen um mir aus meiner hochpeinlichen Situation zu helfen!"

„Herr Gerling ist ein Samariter?"

„Nein, Herr Gerling ist Gastwirt und in dieser Funktion ...“

„Ja, danke, das reicht! Nächster Zeuge!"

„Herr Wolfgang Bühler, Sie sind, wie ich in den Unterlagen sehe, Küster der Pauluskirche, also ein Mann Gottes. Hier wohnhaft? Ja! Also Herr Bühler, erzählen Sie mal!"

„Es war ein außergewöhnlicher Abend Herr Richter, der Pfarrer rief mich gegen 20 Uhr an, da ein Scheinwerfer, der die Kirche beleuchten sollte, defekt war. Da ich nicht schlafen konnte, überlegte ich mir so gegen Mitternacht 'Sieh dir das Problem doch mal vor Ort an!' Bis ca. ein Uhr hab ich dann für die Reparatur gebraucht. Auf dem Rückweg von der Kirche nach Haus überkam mich allerdings ein Gefühl der Notdurft ..."

„Jaja, und das einzige Lichtlein in tiefer Finsternis war das der Gaststätte von Herrn Gerling - das reicht - Sie können gehen!"

Nächster Auftritt!

„Herr Dr. Breitenbach, Sie sind Internist im hiesigen Krankenhaus? Wohnhaft hier? Ja! Gut. Dann erzählen Sie mal von besagtem Abend!"

„Mein Dienst im Krankenhaus war morgens um ein Uhr dreißig beendet und auf dem Weg von dort nach Haus kam ich, wie jedes Mal nach Dienstschluss, an Herrn Gerlings Schankwirtschaft vorbei. Ausgerechnet an diesem Abend überkam mich aber eine schwere Notdurft ...!"

„Ja - ja - ja - lassen Sie mich raten: Der heilige Herbert Gerling tat Ihnen auf und linderte ihre schweren Leiden!"

„Genauso war es!"

„Ich hab genug gehört - auch Sie können sich wieder setzen!"

So ging es die Reihe durch und nach einer zweistündigen Mittagspause und einem Gespräch mit dem Herrn Staatsanwalt, waren alle wieder im Saal versammelt.

Er sah in die Runde der 15 plus 1, die sich mittlerweile, bis auf Herbert, in den Zuschauerbereich gesetzt hatte und fuhr fort: „In diesem Haus ist ja schon viel gelogen worden, aber was sie hier heute geliefert haben, setzt doch wohl allem die Krone auf. Fünfzehn Fälle schwerer Notdurft morgens um halb drei, gleichzeitig vor einem Tresen. Das hat ja die Welt noch nicht gehört. Aber: Auf Grund der Geringe des Verge-hens, einiger Ungereimtheiten in den Unterlagen und in Ab-sprache mit dem Herrn Staatsanwalt schließe ich die Akte. Das Verfahren wird eingestellt, die Kosten übernimmt der Staat.

Das Vergehen ist keines - es wird als Ordnungswidrigkeit eingestuft!

Im Übrigen ist das aber kein Freispruch und schon gar nicht ein Freifahrtschein!

Merken Sie sich das bitte, Herr Herbert ... äh ... Gerling! Der Gründe sind oft viele!"

Während sich der Saal leerte, zitierte er die beiden Beamten zu sich ans Pult, blätterte immer wieder in den Akten hin und her.

„Herr Vogel, wie zu hören war, haben Sie als Privatperson seit genau zwei Jahren bei Herrn Gerling Hausverbot und ausgerechnet in genau diesen zwei Jahren haben Sie ihn dreimal wegen Überschreitung der Geschäftszeiten, zum Teil nur um vier oder fünf Minuten, angezeigt. Schön, dass Sie sich in diesem Fall circa zehn Minuten mehr Zeit gelas-sen haben ..., wenn man eine Karenz von 20 Minuten ab-zieht! Kommen noch dazu: Diverse Anzeigen von Ihnen gegen Herrn Gerling wegen Nichteinhaltung von Sondernut-zungsgenehmigungen, angeblicher Verdreckung der Schankanlagen und ähnliche Nichtigkeiten. Herr Vogel, mir tut sich da der Verdacht des persönlichen Rachfeldzuges auf. Im Übrigen empfehle ich Ihnen einfach, fünf mal gerade sein zu lassen und ... ganz persönlich ... eine andere Knei-pe!"

Schluss der Sitzung!

Auf dem Flur des altehrwürdigen Gebäudes standen 15 fröhliche Damen und Herren mit ihrem Betreuer und schwatzten lustig durcheinander.

Der Herr Richter, mittlerweile die Robe über den Arm gehängt, schritt auf den bunten Haufen und speziell auf Herbert zu, machte so was wie eine Verneigung und sprach vernehmlich: „Die Damen und Herren Zecher! Wann glauben sie eigentlich lohnt sich ein Besuch bei 'Herrn Herbert' am meisten?"

„Donnerstags!" „Donnerstags!" klang es vielfach.

Er gab Herbert die Hand: „Herr Gerling, bis Übermorgen!"

Und zu Dr. Breitenbach gewandt: „Dirk, mit Dir muss ich noch ein Wörtchen reden!"

Die Segeltour

Da das Wetter im Augenblick mitspielte und Ballo unbedingt seine Laune aufbessern musste, hatte er zu einer Segelpartie auf offener See mit seiner 'Kaisertreu' geladen. Gefolgt waren diesem zweifelhaften Vergnügen der Baron, Lucky, der Schuster, Karl und seine Gewinnsucht, der Herr Schankwirt persönlich.

Da sich seine besten Trinker an Bord des Ballhaus'schen Seelenfängers befanden, hatte er kurzentschlossen sein Gonokokkenparadies geschlossen, um sich selbst ein vergnügtes Wochenende zu bereiten. Schließlich hatte er mittlerweile 68 Jahre auf dem Buckel und sich mal ein paar Tage Urlaub verdient.

Die Kaisertreu wippte aufklariert im Hafenbecken vor Ballos Wohnung.

Windstärke 3 - 4, Nord-West, klare Sicht, 72 % Luftfeuchtigkeit, Luftdruck 1080 mmb, stabil bleibend - erstklassiges Segelwetter.

Die Mannschaft fuhr im VW-Bus vor, Ballo war schon vor Ort.

Da der Törn über drei Tage gehen sollte, wurde erst mal Proviant gebunkert: 240 Eier, 6 Pack Butter, 10 kg Grillfleisch, 3 kg Räucherspeck, 288 Dosen Bier, 5 Liter Korn, 3 Liter Rum, ein Toastbrot, eine Rolle Toilettenpapier und die Bildzeitung des Tages.

Natürlich hatten Harry und Gerti von der Segelpartie gehört und da sie just heute Dienst hatten, schipperten sie mit dem Polizeiboot zur Kaisertreu an den Hafenkai.

Das Seefahrtsfachpersonal verstaute unterdessen den Proviant.

„Moin!" rief Harry zum Kai rüber. „Allens kloar?"

„Jau!" brüllte Ballo zurück und sprang mit einem Satz auf das Boot.

„Denn man: Rüüm Hard un klar Kimming!"

„Bedankt!"

Während die Wasserschutz beidrehte machte der Baron sich daran, einige Taue an Deck zu legen. Als er übers Wasser des Hafens schaute, erblickte er eine mit den Händen wild paddelnde Person auf einer merkwürdigen Konstruktion, die unter lautem Rufen ihrem Segelboot immer näher kam.

Alle anderen sahen jetzt auch auf.

Es war Erich! Er hatte sich aus einer alten Luftmatratze, einem Aluminumblech, diversen Strickresten und einem kleinen Fähnchen obendrauf ein schwimmendes Unikum gebastelt. Seiner Meinung nach war das ein Surfbrett.

Er ging jetzt längsseits. Nun konnte man auch sehen, dass er nur eine Unterhose anhatte.

Die war allerdings seit mindestens vier Wochen nicht mehr gewaschenen worden.

„Man, sieht das Scheiße aus!" kringelte sich Hans.

„Irgendwann packen sie den weg." schnaubte der Baron vergnügt.

„Admiral, Admiral!" hörte man Erich von unten rufen. „Läufste heut aus? Kann ich mit?"

Erich war nun wirklich der Letzte, den Ballo mit an Bord haben wollte.

„Nä - die Kiste ist schon rappelvoll! Nächstes Mal, vielleicht." Irgendein Kapitän hatte anscheinend die Wasserschutz gerufen, denn noch während der Unterhaltung fuhren Harry und Gertie mit nicht unerheblicher Geschwindigkeit wieder in den Hafen.

Sie fischten Erich samt „Surfbrett" aus dem Wasser und belehrten ihn über das deutsche Wasserschifffahrtsgesetz.

Das einzige was Erich davon verstand, war die Empfehlung, demnächst mit diesem Ungetüm in einem Baggersee schwimmen zu gehen.

Währenddessen legte die „Kaisertreu" ab.

Als sie die Seeschleuse hinter sich gelassen hatten, brieste es noch ein wenig auf und Ballo gab die Order: Volle Takelage!

Die Kaisertreu furchte durch die See, dass es nur so eine Pracht war. Bis auf Hans, der zum Kotzen über der Reling hing, waren alle begeistert. Irgendwann stellte Ballo fest, dass er die Seekarten vergessen hatte - aber: „Macht nix - erstens haben wir den Diercke -Atlas irgendwo rumliegen und was soll schon mit so einem Prachtboot wie der Kaisertreu passieren: Wo Wasser ist, kann man segeln, wo keins ist, nicht!"

„Aha!" kratzte sich Herbert am Kopf, allerdings nicht sehr überzeugt.

Hans, der Kotzvergnügte, bekam das mit und angesichts der Tatsache, dass man außer dem blanken Meer und ein paar Seetonnen nichts anderes mehr sehen konnte, bekringelte er sich vor Angst.

„Lass uns zurückfahren, ihr seid ja lebensmüde, wir werden ersaufen, ich will runter hier!"

„Himmel, auch das noch." stöhnte Ballo.

Nutzte aber nichts, das kleine Schusterlein hatte Angst bis ums Verrecken.

Was tun? Allgemeines Rätselraten!

Bis der Baron meinte: „Wir können ja heute Abend zurückfahren, laden den kleinen Kotzbrocken zu Hause ab, grillen am Kai und machen Morgen den restlichen Törn."

Beifälliges Nicken.

„Aber erstmal fahren wir bis zum Leuchtturm raus!"

„Nix da!" schrie Hans. „Ich will hier runter!"

Ballo überlegte kurz, und als ihm die Rettungskäfige für zu langsame Spaziergänger im Wattenmeer einfielen, hatte er einen 'tollen' Plan: Hänschen auf so einem Ding absetzen, sich die Koordinaten notieren und ihn abends bei der Heimfahrt wieder aufgabeln.

Da die Dinger fest verankert und stabil waren, konnte sich selbst Hans mit dieser Idee anfreunden.

Sicherer als auf dem Boot mit dem Wahnsinnskapitän erschien es ihm auf jeden Fall.

Nächster Rettungskäfig halt, Schuster von Bord, fünfzehn Dosen Bier und einen Liter Korn als Proviant noch dagelassen und weiter ging es.

Zwei Stunden später erreichten sie das Leuchtfeuer und gingen vor Anker, um eine Stunde lang das Erreichte mit Bier und Gebranntem zu begießen.

Da der Wind auf der Rückreise sehr günstig stand, brauchten sie nur anderthalb Stunden bis zur einzig bewohnten Seenotrettungsinsel der Welt.

Von Weitem schon sahen und vor allen Dingen hörten sie den Schuster. Er tanzte volltrunken und lauthals deutsche Schlager grölend im Käfig umher. Bis auf eine Bierdose hatte er alles vertilgt.

„Segel runter, Motoren an!" befahl Ballo.

Sogleich stotterte der Diesel los und die Segel fielen - bis auf das Vorderste.

Jetzt waren sie nur noch drei Meter vom Rettungskäfig entfernt.

„Runter, runter, das Segel runter!" brüllte Ballo.

Sie rupften mit drei Mann an dem Segel - nichts ging. Als sie mit der Bootsspitze genau auf der Höhe des Käfigs waren, riss eine Windböe das Boot herum, direkt auf den Rettungskäfig zu.

Da war kein Halten mehr: Das Bug krachte auf die Eisenkonstruktion - Holz und Metall splitterten und quietschten.

Durch den Aufprall verlor Hänschen sein Gleichgewicht und knallte aufs Bootsdeck.

„Den hätten wir schon mal." hörte man Herbert erleichtert rufen, während gleichzeitig aus dem Schiffsbauch der Schreckensruf: „Wasser! - Wir haben Wassereinbruch!" von Lucky erscholl.

Der stand mittschiffs in der Kajüte und konnte von dort aus das fast zwanzig Zentimeter große Loch im Bug sehen, durch das das Wasser ins Innere strömte.

Ballo ließ die Dieselmaschine aufheulen und schmiss den Rückwärtsgang ein, um von dem Drahtverhau wegzukommen.

Kaum hatte sich das Boot gelöst, griff der Wind wieder heftig in das immer noch gesetzte Segel. Dadurch wurde es komplett herumgerissen und da Ballo nicht schnell genug den Rückwärtsgang rausnahm und den Vorwärtsgang einlegte, krachte es noch mal voll in den Rettungskäfig - diesmal mit der Rückseite oder Achtern, wie es so schön heißt.

Der Motor heulte noch kräftig, doch ein kurzzeitig kreischendes Metallgeräusch ließ vermuten, dass die Schraube festsaß - die Ruderanlage ließ sich auch nicht mehr bewegen.

„Alles im Arsch!" schrie Ballo, während er hörte wie der Motor ausging - was daran lag, dass dieser im eindringenden Wasser abgesoffen war. Hans lag sturztrunken auf dem Vorderdeck und kegelte sich vor Vergnügen: „Hey-hey-hey, wir haben Wasser im Keller!"

„Wir saufen ab!" schrie Lucky aus dem Bauch des Schiffes.

Ohne weiter nachzudenken sprang Ballo in voller Montur ins überflutete Unterdeck.

„Ne Matratze!" donnerte er Lucky an. Die schwamm dann auch wie bestellt an ihnen vorbei. Ballo griff sich das Teil, watete damit nach vorne zum Leck und verstopfte es mit mehreren Querhölzern.

Dann war endlich Ruhe. Beide kletterten aus dem Überflutungsgebiet an Deck und zogen sich die nassen Klamotten aus.

„Ruf die Seenotrettung!" befahl Ballo dem Baron.

„Was soll ich denen denn sagen?"

„Dass wir völlig im Arsch sind, du Idiot!"

„So, Mayday-Mayday-mäßig?"

„Mayday-Mayday?! Du gehirnamputiertes Schwein!? - Wir fliegen nicht, wir segeln:

S O S !! Schiff voll im Arsch. Alles klar?!"

So oder so ähnlich wird der Spruch wohl auch bei der Seenotrettung angekommen sein. Nichtsdestotrotz war der schwere Seenotrettungskreuzer 'Otto Klüver' innerhalb von 35 Minuten vor Ort - insbesondere wohl wegen der selten genauen Lageangabe.

Hans lag noch immer gackernd auf Deck, während sich die anderen schon mal an den Lenzpumpen zu schaffen machten.

Eine längere Suche nach trockenen Klamotten endete damit, dass für Lucky welche da waren, für Ballo aber nicht und der lief von nun an nackt an Bord herum.

„Düwelschlag!" entfuhr es dem Kapitän der 'Otto Klüver' als er den Segelschrotthaufen mit schwerer Schlagseite sah.

„Alles wohl auf?" rief er, während er von Bord zu Bord sprang und sogleich eine vernünftige Erklärung für einen dermaßen großen Schaden bei so lieblicher See verlangte.

Ballo, immer noch nackt herumlaufend, faselte sich eine kaum glaubhafte Story zurecht.

Der Kapitän schritt als alter Fahrensmann mit Adleraugen das Boot ab - erzählen konnte man ihm ja viel.

Auf Ruderradhöhe blieb er stehen und nahm den Diercke-Schulatlas in die Hand, hielt ihn hoch und sprach: „Wir wissen nicht, was Ihnen ihr zuständiges Wasserwirtschaftsamt in solchen Fällen empfiehlt, wir empfehlen Ihnen ARAL-

Straßenkarten - die sollen NOCH genauer sein!" und schlug vor Wut den Atlas auf die Planken.

Auch wenn der gute alte Diercke gar keine Schuld hatte - er hasste unfähige Sonntagssegler, die man wegen solcher oder ähnlicher Scheiße aus Seenot retten musste.

Er ging zurück an Bord seines Schiffes, sprach mit Ballo und der Mannschaft kein Wort mehr, ließ die 'Kaisertreu' auf den Haken nehmen und fuhr recht ruppig die Seeschleusen an.

Dahinter übernahm die Wasserschutzpolizei alles Weitere - in Form von Harry und Gerti, die mit ihrem Boot der Schleuse am nächsten lagen.

Das Gefeixe und Gegacker der beiden über den Unglückskapitän, sein Boot und seine Mannschaft steigerte sich zu einem Lachanfall, der sie wahrlich durchschüttelte und ihnen Tränen in die Augen trieb.

Weitere peinliche Befragungen blieben aus. In Ermangelung anderer Abschleppdienste wurde Ballos Schrotteimer von ihnen bis ins Hafenbecken gezogen.

Während der ganzen Abschleppaktion taten sich alle recht gütlich an den Alkoholvorräten und je näher sie dem Anlieger kamen, desto besser wurde ihre Laune, insbesondere die des mit viel Rum betankten, katastrophenerprobten Skippers.

Der Umstand, dass sein neues Segelboot schwerst beschädigt war, konnte seiner fuselbedingten, unnatürlich guten Laune nicht das Geringste anhaben.

Splitterfasernackt, im letzten Abendsonnenschein, ein Schifferklavier umgehängt und mit wehender Banane 'In einer Sternennacht am Hafen' singend, tuckerten sie im Schlepp-

tau von WaSchuPo53 ins Hafenbecken. Den fünf Hafenar-
beitern, die sich das Spektakel von einer Kaimauer aus be-
sahen, war's bestimmt ein unvergessliches Erlebnis.

Vom Reichsarbeitsdienst, dem Waschbecken und vier Rehrücken

Herbert schwadronierte von 'Früher'.

Früher, das war Reichsarbeitsdienst.

Ballo saß am Tresen auf seinem Stammplatz, direkt am Spülbecken.

Der Frischwasserzulauf war, wie immer, abgesperrt und die Sichttiefe ins Becken lag bei ungefähr Null.

Allgemeines Vor...sich...hintrinken.

Herbert holte weit aus: „1941 - Reicharbeitsdienst!"

Am Nebentisch fiel ein Glas um.

Leicht genervt sah sich Herbert gezwungen, sein dunkelbraunes, ewig feuchtes und stinkendes Spültuch hervorzuholen und das ausgelaufene Bier von Tisch und Boden zu wischen.

Wieder hinterm Tresen wrang er das Glibbertuch über dem ohnehin schon völlig versifften Spülbecken aus.

Das war selbst dem Baron zuviel: „Herbert - Bitte!!" waren seine einzigen Worte, während sein Blick starr auf dem Becken lag.

Alle anderen sahen Herbert auffordernd an. Der holte tief Luft und ließ das Dreckwasser ab.

Der Blick, mit dem er dem Strudel hinterher sah, ließ vermuten, dass er gerade fürchterliche Qualen wegen dieser, in seinen Augen, maßlosen Verschwendung durchstand.

Frischwasser wurde aufgefüllt. Herbert besah sich auch diesen Vorgang so genau, dass man das Gefühl hatte, er

würde jeden Liter mitrechnen, die Abwassergebühren eingeschlossen.

Unter normalen Umständen kam dann sein Standardspruch:
„Afrika! Ihr müsstet nur einmal in Afrika gewesen sein, dann
wüsstet ihr wie kostbar Wasser ist!"

Heute hatte er dafür nur keine Zeit.

Er legte nochmal los: „Kinder, Kinder, man kann ja gegen
die Zeit sagen, was man will, aber die Vorschriften waren
immer erstklassig. Wenn man die befolgte, konnte gar nichts
mehr schief gehen. Zum Beispiel die Benutzung des Spa-
tens. Das Ding hieß, äh ... ja genau, das Ding hieß 'Mein
Arbeitsgerät, der Spaten'."

Er stellte sich neben den Tresen, um den gleich zu erläu-
ternden Vorgang mimisch zu untermalen.

„Stich-Hub-Wurf! - Haha, was soll denn da noch daneben
gehen, was Jungs? Das ist einmalig, das ist perfekt, da
gibt's auch keine andere Möglichkeit. So läuft's und nicht
anders. Reinstechen - anheben und dann weg damit! Da
muss man erst mal drauf kommen!"

Er sah prüfend in die Runde. Es war nicht gerade Begeiste-
rung zu verspüren, aber es widersprach auch niemand.
Lucky rollte nur etwas die Augen, weil er grundsätzlich Geschichten aus dieser 'guten alten Zeit' hasste. Ansonsten
war wieder allgemeines Trinken angesagt. Einzig Ballo
murmelte irgendwas vor sich hin.

Es entwickelte sich kein richtiges Gespräch.

„Ja, so war das damals", plapperte Herbert noch mal, auch,
um die Stille im Laden zu übertünchen.

„Hub-Wurf-Stich!" kam es plötzlich aus Ballos Mund.

„Hä?" krähte Heinrich.

„Hub-Wurf-Stich!" wiederholte Ballo laut und deutlich. „Diesen blöden Spaten heben, weit wegwerfen und noch weiter weg in den Boden einstechen lassen, dann bist du sofort das blöde Arbeitsgerät und die bescheuerte Arbeit los. Das nenn ich erstklassig. ... oder?"

Zwei Sekunden Stille.

Brüllendes Gelächter.

„Ja super!" quietschte Hans vor Vergnügen. „Herbert! Hau noch eine Runde rein, auf den Reichsarbeitsdienst, den deutschen und seine erstklassigen Vorschriften."

Während Herbert zapfte, murmelte er ständig und immer wieder 'Hub-Wurf-Stich' vor sich hin und schüttelte dabei permanent den Kopf.

Als er zu Ballo sah, hatte er für den nur zwei Worte parat: „Faules Pack!"

Während alle die Spatenbenutzungsanweisung des deutschen Reichsarbeitsdienstes hochleben ließen, öffnete sich die Ladentür und zwei Pärchen betraten die Kneipe.

Zu sehr 'seemännisch' gekleidet, um nicht sofort als Touristen erkannt zu werden.

„Nerv!" brabbelte Hans.

„Moin! Moin!" rief der erste des Quartetts grundlos fröhlich durch den Laden.

„Jaja, iss schon gut. Alles in Dortmund!" giftete Schöppkesbuer, als er den unverwechselbaren Slang in der Stimme hörte.

„Herr Ober! Vier Bier und haben Sie auch was zu Essen?"

„Küche gibt's nicht!" entgegnete Herbert.

Die Touristen waren noch zu sehr mit dem Aufhängen ihrer 'norddeutschen' Kleidung beschäftigt, um Herberts Antwort wirklich wahrgenommen zu haben.

Der Baron sah Herbert scharf an. Der wog den Kopf zweimal hin und her: „Na gut!"

Breites Grinsen am Tresen. Alle wussten, was nun kommen würde: Herberts beste Nummer!

Er verschwand in seiner Kleinstküche und kam ein paar Sekunden später wieder raus.

„Ich hab noch mal nachgefragt! Alles aus, bis auf Rehrücken mit Rotkohl und Kroketten!"

„Super, Chef, nehmen wir - vier mal!"

Nachdem er die Getränke an den Tisch gebracht hatte, ging er wieder hinter den Tresen. Dort drehte er sich zum Rückbüffet um und riss die rechte kleine Tür auf, hinter der sich Erdnüsse, leere Gläser und anderer Krimskrams befanden.

„Edda!" rief er in den Schrank. „Schmeiß noch mal den Riemen auf die Orgel! Rehrücken - vier mal!"

Dass Herbert mit dem Schrank quatschte, fiel den vier Hungrigen nicht auf.

Die Tresenmannschaft hatte sichtliche Mühe sich zusammenzureißen.

Auch die offene Küchentür neben dem Tresen wurde aus irgendeinem Grund ignoriert.

Durch diese konnte man in die sogenannte Küche sehen: Ein Zweiquadratmeterraum mit Platz für maximal einen Kühlschrank, einen Campingherd und eine Person.

In besagtem Raum tat sich natürlich nichts. Eine Edda watschelte da schon mal gar nicht rum. Wie auch. Wenn überhaupt, machte sich Herbert dort mal auf dem Zweiplattenkocher ein Würstchen heiß!

„Junge, Junge," murmelte Schöppkesbuer, „bist ja ganz schön fein geworden, mit deiner Küche! Die letzten Male gab's höchstens Schweinebraten oder Schnitzel!"

Herbert zupfte sich nur am Ohr und sah verschmitzt über seine Fettbrille hinweg in die Runde.

„Ja, der Alte hat noch richtig nachgelegt!" zischelte Hans, fast flüsternd.

„Lass uns mal von einem Chateaubriand träumen!" giftete dann der Baron.

„Wir nehmen noch Vier!" rief einer vom Rehrückentisch rüber.

Alle am Tresen Versammelten nickten nur.

Als Herbert die vier Bier an den Tisch brachte, erging auch gleich die Frage an ihn, wie lange das mit dem Essen denn so dauern würde.

„Lange!" entgegnete Herbert. „Das dauert!"

„Na, verdursten können wa bis dahin ja nich, woll?" kam es vom Tisch zurück.

„Nä, verdursten nicht!" bestätigte Herbert.

„Mit Sicherheit nicht!" setzte Lucky noch hinzu.

Im gleichen Augenblick kam Haui mit zwei Kollegen rein. Dienstschluss, aber alle drei hochgradig genervt.

Drei Bier, drei Kurze. Weg damit und noch mal die gleiche Chose.

Dann atmeten sie auf, als wenn sie zwölf Stunden auf dem Bau malocht hätten.

„Ihr habt 's aber auch wirklich schwer, was?" knurrte der Baron, der heute ebenfalls nicht wirklich gut drauf war.

„Sitz Du mal den ganzen Tag in so 'nem Scheißwagen und hab nur Vollidioten anne Ohren!" Haui war sichtlich angepisst.

„Jaja - ihr tut mir richtig leid!"

Der Baron kam jetzt in negative Hochform.

„Hör mal! Wenn Dir das hier alles nicht passt, kannste Dich ja auf deinen Schrott setzen und nach Brasilien segeln!"

„Ja, das kann ich! Und zwar auf Dir!"

Im gleichen Augenblick standen sich beide Nase an Nase gegenüber und schüttelten sich am Revers.

„Mit Dir mach ich mal 'ne Schlittenfahrt - Du alter Schrottbaron!"

„Segeln reicht!" brüllte der Baron und schon flogen die Fäuste.

Vom Touristentisch: „Wie sieht das mit den Rehrücken aus!"

Herbert: „Ich mach noch vier Bier!", während er zwischen die Streithähne ging.

Touristentisch: „Auch gut!"

Herbert zu den Schlägern: „Nix da, hier wird nicht geboxt! Nicht hier im Laden! - Wenn schon, dann ordentlich und draußen!"

Gejohle im Laden.

Sechs Anwesende hielten die zwei Boxer auseinander und führten sie nach draußen. Währenddessen hatte Herbert noch schnell vier Bier gezapft und sie an den Tisch gebracht.

„Ihr kommt mit raus!" befahl er den Touristen. „Ihr seid die Eckpfosten!"

Vor der Kneipe stellte er die Herrschaften ca. drei mal drei Meter im Quadrat auf und der Rest des Ladens verteilte sich an den imaginären Linien.

„So!" Herbert streckte den Arm in die Luft. „Boxt!"

Der Baron und Haui wurden von ihren Bewachern freigelassen und prügelten aufeinander ein, während Herbert so tat, als wäre er Schiedsrichter.

Pfeifen, Klatschen, Gegröle und Gelächter erfüllte die Nacht.

Die Touristen konnten es kaum glauben: „Hier iss ja wat los ...!"

Der Kampf dauert keine volle Minute. Haui blutete etwas die Nase, der Baron war ausgerutscht und blutete leicht am Ellenbogen. Ihr Adrenalin war wieder auf Normal.

„Unentschieden!" rief Herbert. „Alle wieder rein!"

Die Ruhrpöttler hatten ihren Hunger allerdings noch nicht vergessen.

„Der Rehrücken! Wat is mit dem Rehrücken?"

„Ich bring euch noch vier Bier!" entgegnete Herbert.

Zusammen mit den Bieren brachte er noch vier Doppelstöckige von seinem Selbstgebrannten "ut´n Busch", mit über fünfzig Prozent, an den Tisch.

„Fürs lange Warten!"

Die Vier kippten sich das Zeug dahinter und mussten sich dann regelrecht schütteln.

Von da an dauerte es auch nicht mehr lange, bis man ihnen den Zustand der etwas härteren Trunkenheit anmerken konnte.

Im Laden war Jubel, Trubel, Heiterkeit und alle bekamen sich über den Boxkampf nicht wieder ein.

Der Baron und Haui standen zusammen.

„Nix für ungut, war heut halt ein Scheiß-Tag!"

„Kein Thema - Herbert noch zwei!"

Fast eine Stunde verging.

„Derrrehhrüggen, derrrehhrüggen - woissderrehrüggen!" lallte es vom Touristentisch rüber.

„Ich mach Euch noch vier Bier!"

„Nixda wirrwolln denreehrüggen!"

Herbert drehte sich zum Schrank, riss das Türchen auf: „Edda! Was ist mit den vier Rehrücken?"

Er machte die Klappe wieder zu und rief zum Tisch rüber: „Verbrannt! Meine Alte hat nicht aufgepasst - alles verbrannt!"

Die Jungs am Tresen krümmten sich vor Lachen.

„Edda kocht immer so scheiße!" rief Lucky.

„Ja, bei der brennt sogar Wasser an!" prustete Hans los.

„Ssschweinareii - wirwollnwasessen ...!"

Nach einigem Hin und Her, immer lauter werdendem Gerufe und der Empfehlung einer Eins-A-Frittenbude in Bahnhofsnähe, verließ das Quartett unter wüsten Beschimpfungen das Gasthaus.

Da war von 'Weiterempfehlungen' die Rede und 'Er würde schon sehen, der Herr Gastwirt!'.

„Jaja - hängt's bei Euch im Hotel aus!" rief Schöppkesbuer durch die noch offene Tür den Hungernden hinterher.

Ein mitgenommenes, halbleeres Glas flog daraufhin von Außen in den Laden.

„Sollen wir?" Haui und seine zwei Kollegen sahen fragend in Richtung Herbert.

„Nänä - nicht noch mehr Leid und Elend! Irgendwann iss gut gewesen!"

„Stimmt!" rief Lucky. „Alle einen rein!"

Von Pinkelbecken und Kaschubenblut

Es ging nicht mehr, es ging nicht mehr!
Durch einen dummen Zufall wurde Herberts Sozialstation mit Bierausschank vom stadtbekannten und allseits unbeliebten Amtsveterinär Kettler aufgesucht. Kontrolle!
Die erste seit mindestens fünfzehn Jahren.
Der innere und äußere Tresenbereich, sowie der Bierkeller wurden mit der Ermahnung, doch mal ordentlich sauber zu machen, abgenommen.
Das Spülbecken nicht. Die Siffbrühe, die sich darin befand, ekelten den Herrn vom Amt dermaßen, dass er direkt einhundert Euro Strafe erhob. Herbert war auf Hundertachtzig.
Im sogenannten „Zubereitungsraum für bierbegleitende Speisen" (Amtsdeutsch für kleine Küchen) wurde Herr Kettler noch mal fündig.
Unter dem Handwaschbecken befand sich ein Korb für schmutzige Trockentücher.
Herbert hatte versucht eines dieser Tücher vom Tresen aus in das Behältnis zu schmeißen.
Das war ihm allerdings nicht gelungen. Deshalb lag es auch nicht im Korb, sondern zur Hälfte auf dem Handwaschbeckenrand darüber.
Da sich bis auf eine geschlossene Dose Heißwürstchen und einem leeren Topf auf dem Plattenkocher sonst nichts in der Küche befand, zog sich Herr Kettler daran hoch.
Er notierte mitsprechend: „Handwaschbecken im Zubereitungsraum nicht begehbar!"

Herbert verschlug's die Sprache. Er ging zum Becken, schnippte mit einem Finger gegen das Handtuch, das daraufhin in den Korb sackte.

Herr Kettler notierte, wieder mitsprechend: „Missstand wurde sofort behoben!"

Herbert sah sich schon nach einem Messer um ....

„Die Toiletten bitte!"

Herr Kettlers Ton war unmissverständlich.

Ach ja, Herberts Herrenurinal!

Mindestens historisch und Hauptverursacher der strengen Gerüche im Haus.

Es bestand nur aus einer hochgelegten Pissrinne mit Abfluss, stank zum Gotterbarmen und war objektgebunden bernsteingelb.

„Ich war ja nicht im Krieg, aber dass hier ..." fing der Herr Amtsveterinär an und hörte eine halbe Stunde lang nicht mehr auf zu reden, Vorschriften zu zitieren, zu schreiben und zu lamentieren.

Das Ende vom Lied war die Schließung des Lokals bis zur Komplettsanierung des Katastrophengebiets. Danach Abnahme, dann Wiedereröffnung.

Herbert war fertig mit den Nerven. Was das kostet?!?!

Allerdings: Es musste gemacht werden.

Jedoch: Es musste auch weiter gehen.

Eine Firma wurde bestellt, die alles regelte. Eine Woche hatte die Zeit.

Abends ließ Herbert die Hintertür auf, die Gardinen zu und das Licht auf vier Kerzen reduziert. Denn die vielen Baustellenbegutachter kamen ja erst ab sechs Uhr abends zur Baufortschrittskontrolle.

Mit anderen Worten: Es ging lustig weiter.

Für das menschliche Bedürfnis hatte Herbert auch gleich Ersatz gefunden: Im Garten, neben seinem Haus.

Da Männer nicht gerne so in die Landschaft pinkeln, wurde der dort stehende Kasten mit der Aufschrift „Kraftstromversorgung Hafenstrasse" von allen Seiten bestrullt!

Bis heute ein Wunder, dass da niemand dran hängen blieb.

Nach einer Woche war es vorbei mit der Gemütlichkeit, denn die Urinale waren fertiggestellt.

Herr Kettler wollte es sich nicht nehmen lassen, die Abnahme mit einer „Kontrolle unter Lastbedingungen" zu verbinden und kündigte sich für abends an, seinen Chef zur Sicherheit mitbringend.

Als sie den Laden betraten, war dieser natürlich schon pickepacke voll.

Sprich: Vor der Abnahme.

Publikumseinlass war von ihm aber erst für den Zeitpunkt nach der Abnahme vorgesehen.

„Ja, was sehe ich denn hier??? Eine nichtkonzessionierte Gaststätte in vollem Betrieb??"

Herr Kettler war außer sich!

„Herr Kettler! Lassen Sie's mal gut sein - gehen wir doch lieber zu den Urinalen!" beruhigte ihn sein Chef.

Mit wutbedingt hochrotem Kopf, Zollstock und Bauplan ging es zur Sache. Alles in Ordnung. Stempel unters Papier. Konzession wieder erteilt.

Das Waschbecken war sauber, das Handwaschbecken begehbar und sogar die Gläser poliert.

Außerdem war Gerd mal wieder aus Afrika aufgetaucht.

Er kannte beide Amtspersonen: „Herr Kettler! Herr Gomert! Was machen Sie denn hier? Nach Separatorenfleisch und Nashornhoden suchen?"

Brüllendes Gelächter.

„Nä," rief der Baron, „Herbert hat neue Urinale bekommen - die gute alte Pissrinne hat den nationalen und europäischen Hygienevorschriften wohl nicht mehr genügt!"

Gerd sah einmal durch den ganzen Raum und rief zurück: „Welche Pissrinne?"

„Oh Gott!" stöhnte Kettler. „Lassen sie uns gehen Herr Gomert, lassen sie uns gehen!"

Sie packten ihre Siebensachen und verschwanden.

Kaum fünf Minuten waren vergangen, da krachte es zweimal an der Tür.

Es hörte sich an, wie wenn jemand mit der Schulter gegen das Türblatt stoßen würde, um es aufzubrechen. Dazu erklang ein mehrstimmiges Gefluche der aller untersten Sorte.

Irgendjemand der Außenstehenden erkannte dann doch noch die Funktionsweise einer Klinke. Die Tür wurde mit einer solchen Brachialgewalt aufgestoßen, dass sie mit der Rückseite laut knallend an dem an der Wand angebrachten Spielautomaten hängen blieb.

Draußen standen fünf Männer - zwischen 70 und 85 Jahre alt. Alle granatenvoll.

Der Vorderste, ziemlich klein, eine billige 'Fehlfarben' für 60 Cent im Mund, stürzte sofort in den Laden, die anderen hinterher.

„Die Eier abreißen - diesen schwanzlosen Millionären", schrie der kleine Zigarrenraucher, womit er offensichtlich die Fußballspieler des städtischen Vereins meinte.

Heute war Spieltag gewesen und die Herren bildeten so etwas wie den Fanclub der Mannschaft. Dies seit nunmehr fünfzig Jahren; wahrscheinlich der älteste Fanclub der Republik.

„Den Säcken lauf ich ja noch davon!" krähte ein weiterer aus ihrer Mitte, der glatt für eine Promotionsarbeit über beidseitige Gelenkarthrose hätte herhalten können.

„Ich bin's leid - ich bin's einfach leid!" schrie der Fehlfarbenraucher, während Herbert auf ihn zuging.

„Hans, wie schön Dich zu sehn. Wie geht's?"

Der Kleine knurrte nur irgendwas Unverständliches. Als er sich die Jacke auszog, drohte er umzukippen, woran ihn Herbert aber in letzter Sekunde hinderte.

„Kurz und Lang zu uns hier!" befahl er Herbert ohne sich dafür zu bedanken, dass jener ihn gerade davor bewahrt hatte, der Länge nach auf die Fliesen zu schlagen.

Dann glitt sein Blick über die restlichen Gäste des Lokals und blieb zum Schluss bei Lucky hängen.

„Was macht der Bengel hier, um diese Tageszeit?"

Lucky, mittlerweile puterrot angelaufen: „Vatter - es reicht!"

„Hans", mischte Herbert sich ein, „dein Sohn ist mittlerweile 52 Jahre alt!"

„Egal - Kind bleibt Kind!" maulte der Alte und fuhr, während er sich zu seinen Zechkumpanen umdrehte, fort: „Nichts als Saufen im Kopp, der Kleine!"

Die vier anderen Grabwächter krümmten sich vor Lachen und den Arthrosefall hörte man schnauben: „Um Dich einzuholen, müsste er ja auch zweihundert Jahre alt werden!"

„Ah, leckt mich doch!"

Danach sackten alle auf die Stühle des Stammtisches und fluchten weiter über ihren Fußballverein.

„In Würde alt und weise werden, so hab ich es mir immer vorgestellt." wieherte der Schuster.

„Die haben früher bestimmt jeder Rockerbande alle Ehre gemacht", funkte Karl dazwischen.

„Ich find's nur zum Kotzen!" brabbelte Lucky.

Die folgenden zwei Stunden flossen Sturzbäche von Alkohol am Stammtisch und das Gezeter und Geschreie nahm kein Ende, bis sich einer der Fünf erhob: „So! - Iss elf, ich muss nach Haus, sonst gibt's wieder Ärger mit Minna!"

„In der Kindheit gegen Panzer gelaufen und jetzt so was!" stänkerte Luckys Vater.

Das war aber trotzdem das Zeichen für die restlichen, volltrunkenen Rentner.

Alle erhoben sich so gut es ging, bezahlten und torkelten raus.

„Puuh!" machte Karl. „Das hätten wir hinter uns!"

Im gleichen Augenblick scheppterte und krachte es draußen dermaßen, dass alle vor die Tür stürzten, um zu sehen, was geschehen war.

Luckys Vater war beim Versuch sein Rad zu besteigen an der einen Seite auf und an der anderen Seite wieder abgestiegen - mitten rein in die Mülltonnen. Da lag er nun auf dem Rücken wie ein Käfer und fluchte wie der Racheengel Gottes persönlich. Seine Saufkumpane bogen sich vor Vergnügen und wollten ihm aufhelfen.

„Pfoten weg, ihr Idioten!" war der einzige Dankesspruch, den sie zu hören bekamen.

Als er es geschafft hatte, wieder auf den Beinen zu stehen, brüllte er mit der Zigarre fuchtelnd und auf seine Herkunft weisend: „Kaschubenblut ist keine Buttermilch! Merkt euch das mal!"

Während sich die alten Haudegen fluchend entfernten, ging der Rest der Mannschaft wieder in den Laden.

Der Baron sah Lucky an: „Das ist ja interessant!" und kratzte sich am Kinn.

„Ja, ja, wo der Alte Recht hat, da hat er Recht." wiederholte Herbert.

„Kaschubenblut ist keine Buttermilch!"

ENDE